SOLUTION

DE LA

QUESTION SOCIALE

PAR

LE COMMUNISME ANARCHISTE

Ouvrage destiné au concours du prix Perreire

PAR

CABOSSEL & Airam LABIGAND

Tout le monde peut-il être riche ?
ÉVIDEMMENT NON.

La misère est donc une conséquence fatale de l'état de choses actuel ?
ÉVIDEMMENT OUI.

Cela doit-il être perpétuel ?
NON.

Prix : 50 centimes

PARIS
IMPRIMERIE ADOLPHE REIFF
9, PLACE DU COLLÈGE DE FRANCE, 9

1883

Les demandes doivent être adressées au Citoyen Cabossel
98, rue de la Folie-Méricourt, Paris.

SOLUTION
DE LA
QUESTION SOCIALE
PAR
LE COMMUNISME ANARCHISTE

Ouvrage destiné au concours du prix Perreire

PAR

CABOSSEL∴ & Airam LABIGAND

> Tout le monde peut-il être riche ?
> EVIDEMMENT NON.
>
> La misère est donc une conséquence fatale de l'état de choses actuel ?
> EVIDEMMENT OUI.
>
> Cela doit-il être perpétuel ?
> NON.

PARIS
IMPRIMERIE ADOLPHE REIFF
9, PLACE DU COLLÈGE DE FRANCE, 9

1883

AVANT-PROPOS

Avant d'aborder notre sujet, avant d'entrer en matière, nous nous sommes crus obligés aux quelques explications suivantes qui sont pour nous une déclaration necessaire.

1° Nous croyons à la nécessité de la *Révolution violente*, sans toute fois chercher à la fomenter, certains que nous sommes que l'organisation sociale actuelle la mettra aux mains des révolutionnaires, avant même peut-être qu'ils ne soient prêts à la recevoir dignement ; nous y croyons comme moyen de réalisation, d'application des théories *communistes-anarchistes*.

2° Nous avons la même pensée sur *la propagande par le fait*, parce que nous la croyons indispensable aux anarchistes, pour préparer les masses à cette révolution économique, sans laquelle, il ne peut y avoir d'émancipation possible pour le prolétariat.

Nous avons dit qu'il était nécessaire que nous fassions ces déclarations préalables, reconnaissant aux moyens, que nous allons indiquer, un caractère subversif par rapport à l'organisation sociale actuelle.

Ne voulant pas que l'on nous accuse de dérober notre drapeau, nous avons tenu, avant tout, à faire connaître notre pensée.

Cette brochure ne s'adresse pas seulement aux travail-

Eh ! bien, dans l'organisation que nous allons faire fonctionner sous les yeux du lecteur, nous défions que l'on découvre la plus petite place pour la misère, la plus infime partie d'un moyen d'oppression. La solution est donc trouvée, nul ne pourra nous contester le prix offert.

Certains de nos amis ont émis des doutes sur notre réussite; nous ne croyons pas que nos moyens nous mettent hors concours.

On a primé une solution, nous l'apportons ; elle existe ou elle n'existe pas, toute la question est là ; mais les moyens employés pour l'obtenir, ne peuvent être mis encause.

Les communistes-anarchistes n'ont pas choisis ces moyens entre une foule d'autres ; si pour atteindre leur but ils ont besoin de la révolution violente, si pour eux c'est une nécessité inévitable, est-ce leur faute ? Eh non ! Les choses sont ainsi faites qu'ils sont acculés à cette terrible alternative ; en historiens fidèles, nous le démontrerons.

Si d'autre part cette nécessité entraîne des moyens de propagande réprouvés, si elle leur commande de si durs sacrifices, est-ce encore leur faute ? Evidemment non, aussi est-ce cette situation que nous voulons justifier.

Nous savons bien que les mœurs actuelles réprouvent la tactique forcée des anarchistes, mais qu'y faire ? Ces mœurs sont le produit d'un milieu vicié, gangréné ; elles ne peuvent donc guère se recommander d'un grand respect, et nous pouvons nous dispenser d'en tenir un compte sérieux.

Dans nos appréciations, nous n'aurons pour règle que les loisnaturelles qui, elles, se dégagent complètement des vices de celles dues aux caprices des cerveaux humains. Ces lois ont une base indiscutable, et nul ne peut s'y soustraire ; elles seront donc notre pierre de touche dans le jugement que nous porterons sur l'organisation sociale.

Nous accusera-t-on de calomnier quand nous affirmons que la société actuelle est gangrenée ? Est-ce qu'elle ne sue pas la corruption par tous les pores ?

Des bancs de la Chambre des Députés aux plis de la robe de la magistrature, est-ce que l'on n'est pas obligé d'enregistrer chaque jour des faits monstrueux ?

Quand une société renferme en son sein de tels éléments de dissolution, on peut affirmer que c'est une société finie; sa disparition n'est plus qu'une question de jours, quelques fois même d'heures.

Ce mal est contagieux et menace l'humanité entière.

Comment arrêter cette gangrène qui ronge le genre humain ?

Il n'y a pas d'autre remède que l'amputation. — Que la Révolution soit donc l'opérateur.

Hâter cette heure, c'est faire œuvre d'humanité, c'est abrèger la souffrance du malade et comme ici le malade c'est l'humanité, nous y porterons tous nos efforts, dussent quelques membres en décomposition, tomber, disparaître dans la grande opération.

Nous avons divisé notre travail en trois chapitres.

Dans le premier nous démontrerons que l'organisation sociale actuelle ne laisse pas d'autre alternative, d'autres armes en main pour conquérir le bien être pour tous, que celles que nous avons présentées, qu'elle accule le prolétariat aux moyens que nous indiquerons si l'on veut arriver à l'extinction du paupérisme.

Dans le deuxième, nous mettons en regard l'antagonisme actuel des intérêts et l'harmonie qui présidera à ceux de la société de l'avenir.

Enfin dans le troisième, nous exposerons l'organisation avec tout son fonctionnement présumé; nous entrerons dans tous les détails que notre cadre nous permettra afin de ne rien laisser dans l'ombre.

De cette façon, nous donnerons au jury chargé de se prononcer sur la distribution du prix Perreire, le moyen de le faire en toute connaissance de causes sur nos prétentions à l'obtention de ce prix.

CHAPITRE PREMIER

Historique de l'organisition sociale actuelle.

Si nous jetons un coup d'œil conscient sur la situation générale de l'espèce humaine qui peuple le globe terrestre, que voyons-nous ?

Dans toutes les parties du monde, peuples civilisés ou non, dans tous les états, royaumes ou républiques, chez toutes les peuplades, on retrouve toujours un ou plusieurs individus qui, à l'aide de moyens divers, sont arrivés à s'emparer d'une situation dominanfe au milieu des êtres placés autour d'eux. Faut-il conclure de cette remarque que l'universalité de cette domination est le fait caractéristique de sa légitimité ? Loin de nous cette pensée ; il faut au contraire reconnaître que partout la ruse et la force ont été d'assez puissants auxiliaires aux mains de ceux qui ambitionnaient la domination, et qu'avec ces auxiliaires on a pu s'élever de façon à braver même les revendications de ceux qui s'étaient laissés passer le *joug* sur les épaules.

La preuve indéniable de cette conclusion se retrouve dans les incessants efforts que font les opprimés pour se débarrasser de leurs oppresseurs, c'est-à-dire dans toutes les révoltes, dans toutes les révolutions dont l'humanité fut le témoin.

A combien d'intrigues, de subterfuges n'ont-ils pas dû avoir recours, ceux qui les premiers ont pu prendre, au sein de la masse des opprimés, une force, c'est-à-dire des hommes, qu'ils ont armés, disciplinés, afin de s'en faire des instruments de défense.

Il est bien évident que s'ils avaient dit à ces hommes qu'ils dressaient à leur service : « nous allons vous ravir à vos familles ; quand vous ne connaîtrez plus d'autres lois que nos volontés, vous serez les fidèles gardiens de l'autorité que nous voulons conserver sur tous » ; il est bien évident, disons-nous, que, s'ils leur avaient tenu ce langage, ils n'auraient jamais réussi à constituer l'autorité que nous nous voyons dans la nécessité de combattre aujourd'hui.

Mais ils se sont bien gardés de cette franchise, et mille artifices durent être mis en jeu pour arriver à ce résultat qui, une fois acquis, *enchaînait* les générations de l'avenir.

Croit-on que le jeune homme qui endosse l'uniforme militaire conserve son libre arbitre sous la capote ? Hélas non, il devient un simple instrument.

Les chefs des premiers groupes d'êtres humains qui se formèrent ont du d'abord chercher à agrandir leur domaine en dépouillant les groupes voisins ; les membres des groupes menacés se plaçaient alors naturellement sous la loi de leur chef et l'influence de celui-ci sur eux augmentait d'autant plus qu'il les sauvegardait ; c'est donc ici à leur intérêt individuel qu'ils obéissaient en devenant la chose servile du maitre. Ainsi dû s'établir l'autorlté absolue.

Puis, quand quelques domaines furent agrandis, on édicta des lois qui réglèrent les rapports entre les individus ; on pense ce que devaient être ces lois : étant l'œuvre de ceux qui gouvernaient, elles étaient faites à leur image, c'est-à-dire oppressives.

L'autorité et la propriété n'eurent point d'autre source, d'autre berceau.

Arrêtons-nous un moment ici pour nous demander si ce

qui, par les lois de la guerre, est acquis à celui-ci, au détriment de celui-là, peut légitimement constituer une posession ? On n'oserait pas répondre par l'affirmative, il y avait tout simplement là un vol accompli au moyen de la force et nous ajouterons que la série innombrable de vols qui se sont succédés depuis la formation des premiers groupes n'aurait pu avoir lieu, si les chefs ne s'étaient pas taillés de domaines personnels dans celui de tous. Cette série n'aurait pu avoir lieu car chacun ayant pu avoir suffisamment pour satisfaire à tous ses besoins, aurait vécu en paix avec tous. Les puissants accaparant le bien être sont les seuls auteurs de la guerre qu'ils ont eu besoin de perpétuer pour maintenir leur suprematie.

Nous venons de montrer la source de la propriété ; peut-on la trouver légitime ? N'est-elle pas condamnable ? Nous laissons à nos lecteurs le soin de qualifier comme il le mérite, ce que l'on appelle le droit de conquête.

Le tableau que nous venons d'esquisser pourrait facilement se compléter ; on n'a qu'à fouiller l'histoire de tous les peuples et on pourra l'achever dans tous ses détails.

Voici donc un chef détat ou de peuplade investi du droit de commander à tous, qu'il s'impose ou qu'il soit élu, qu'il se nomme Grévy, Tu-Duc ou Alexandre III ; c'est lui qui personnifie l'autorité, c'est à sa volonté, souvent à ses caprices, que chacun doit obéissance.

Nous avons l'air de faire ici un paradoxe, rien n'est plus exact cependant ; on peut nous objecter que nous ne devons obéissance qu'aux lois, l'objection n'a qu'une valeur relative, chacun sait cela. Mais encore ces lois ne sont-elles pas elles-mêmes l'expression de la volonté d'une classe, celle qui est au pouvoir et dont le chef d'état est le représentant ? par ce seul fait, notre affirmation n'est pas si paradonale et reste avec toute sa valeur.

Si encore ces lois, quelqu'antinaturelles qu'elles puissent être, pouvaient être un bouclier pour chaque individu, pour chaque membre du corps social ; mais loin de là, le chef du pouvoir étant tout puissant, est fatalement entouré d'une foule innombrable de parasites, qui pour se ménager ses faveurs s'efforcent de flatter ses instincts, ses passions, ses vices, d'ou il s'ensuit que ce maître ne voit plus les choses sur lesquelles il a à prononcer qu'avec leurs yeux, ce qui revient à dire que ce sont ces êtres immondes qui gouvernent et commandent à la situation et font assister à l'interprétation la plus fantaisiste des loïs existantes que la nature et la vérité réprouveraient déjà.

Cette ignoble situation condamnable à tous égards après l'avoir constaté à la tête des états, on la retrouve tout entière, dans toutes les organisations gouvernementales, armées, police ou magistrature, dans toutes les administrations civiles, dans tous les établissements industriels ou commerciaux, dans les ateliers, partout enfin ou il se rencontre un être qui commande et d'autres qui doivent obéir.

Nous opposera-t-on que le propre des républiques est justement de détruire cette autorité individuelle pour la remettre aux mains des représentants de la nation, c'est-à-dire d'hommes choisis par le peuple et appelés à exécuter ses volontés ?

Cette objection ne tient pas debout, on va en juger. On dit que cette autorité est reportée aux mains des représentants, c'est vrai, mais ceux-ci la délèguent, à leur tour, à quelques personnalités choisies parmi eux. Ces individualités deviennent les ministres, les membres du gouvernement.

Eh bien ! quand les députés ont fait les ministres, ils sont vis-à-vis de ceux-ci aussi désarmés, aussi impuissants, que les électeurs le sont vis-à-vis de leurs députés une fois leurs bulletins tombés dans l'urne. Pourquoi ?

Parce que la souveraineté ne se délègue pas ; parce que, quand on a concédé sa souveraineté, on ne peut plus être souverain ; c'est le délégué seul qui devient le maître.

L'électeur et le député ont à peu près autant de garanties l'un que l'autre ; aussi sont-ils l'un et l'autre joués à cœur joie, et avec une désinvolture qui ne s'explique que par les moyens que nous avons sous-entendus dans notre avant-propos.

Ces ministres, étant les maîtres, sont en butte aux obsessions que nous avons signalées tout-à l'heure, et il n'est pas d'exemple d'une bien longue résistance de leur part, si bien que, dans une République, le seul avantage que l'on rencontre c'est d'être, peut-être, un peu plus gouverné que sous une monarchie ; c'est aussi d'avoir plus de souverains au-dessus de soi.

Les gouvernants du passé ont su grouper en leurs mains, et ont légué à leurs successeurs, qui n'eurent garde de laisser péricliter l'héritage, une telle somme de force nécessaire à maintenir leur autorité qu'ils seraient presqu'invulnérables à cette heure. Le plus curieux dans ce fait, c'est que ce sont les gouvernés qui font tous les frais de leur asservissement.

La situation dominatrice des gouvernants est telle qu'ils peuvent, impunément, agir, instrumenter quand bon leur semble, contre qui leur plait, sans que nul puisse s'y opposer. Encore une fois que l'on ne nous oppose pas la garantie des lois, car nous aurions trop beau jeu à prouver que cette garantie est purement illusoire.

Si bien que l'homme qui instinctivement court à la liberté se heurte outrageusement à chaque pas à une autorité menaçante qui lui dit : Tu n'auras de liberté que juste ce qu'il t'en faudra pour ne pas me nuire.

Nous savons que certains libéraux crient par-dessus les toits que la « liberté des uns doit s'arrêter à la limite de la liberté des autres ». Mais ce sont là paroles creuses ! qui n'ont même pas de sens, car, qui délimitera les bornes de la liberté chez celui-ci ou celui-là ? qui dira où devra s'arrêter la Liberté de Pierre par rapport à celle de Paul? qui établira la valeur des raisons de l'un à porter sa liberté à telles ou telles limites ou les raisons de l'autre à les lui contester?

Quel sera le juge, le critérium? S'engager dans ce labyrinthe, c'est se perdre.

La liberté est absolue ou elle n'est pas; nous affirmons qu'elle peut être.

Elle peut être absolue, sans bornes tracées à l'avance, mais limitée seulement par l'intérêt individuel auquel chacun n'a garde de désobéir, et bien que cet intérêt individuel soit placé dans un milieu où l'intérêt général est fait des intérêts particuliers; la liberté sera alors la règle générale des relations, nous le verrons plus tard.

Nous ne savons si les libérâtres à faux nez qui sont à cheval sur la réglementation de la liberté, comprennent cette vérité, mais ce que nous savons, c'est qu'à l'aide de ce sophisme ils ont égaré les esprits sur l'application de ce principe.

Il est un fait caractéristique que nous nous plaisons à faire remarquer. C'est que le besoin d'exercer l'autorité s'est si bien implanté dans les mœurs des êtres qui se disent civilisés, que c'est à l'envi que chacun veut commander, et qu'il n'est rien de plus à redouter que la domination d'un valet; plus cet être est avili par une obéissance servile, journalière, à de maîtres au-dessus de lui, plus il est et tyran pour tout ce qui lui doit obéissance.

La morgue du bourgeois enrichi est proverbiale; nul ne le contestera.

Est-ce que les seigneurs d'autrefois avaient l'outrecuidance, l'insolence des fils de boutiquiers, les gommeux d'aujourd'hui. Eh! non! Loin s'en faut; ils étaient fiers ces nobles, ils étaient hautains, c'est vrai, mais on leur avait tant chanté leur supériorité qu'ils y avaient cru, et en avaient tiré vanité; encore dans leurs vices étaient-ils meilleurs que les repus d'aujourd'hui, qui, eux, ne veulent pas même reconnaître leur infériorité morale et intellectuelle malgré les preuves les plus accablantes accumulées contre eux.

Est-ce que les seigneurs d'autrefois ont commis les atrocités que l'on peut reprocher à la bourgeoisie actuelle? Est-ce qu'ils ont un juin 1848, un mai 1871 à leur actif? Si les seigneurs avaient des mœurs légères, est-ce qu'elles sont comparables aux mœurs de Lupanar dans lesquelles se vautrent les parvenus et qui s'étalent aux mille lumières des salons de L'Agio?

Il était réservé à ces marchands insatiables de tracer dans l'histoire ces pages de boue et de sang !!!

Si encore cette classe *libertine*, qui taille ses diamants dans la misère du peuple, n'avait pas corrompu, gangrené la société, peut-être aurait on pu ramener les choses en un chemin moins *sanglant* que celui qui nous reste à parcourir pour atteindre notre but, mais non ! La soif de l'or, le besoin de domination, la peur de perdre ses privilèges, l'a rendue féroce à plaisir, et on peut affirmer qu'elle n'a conservé d'intelligence que pour accaparer : on dirait que le développement de ses richesses a obstrué son cerveau.

Il ne faudrait pas conclure de cette appréciation prise sur la généralité, que nous nions que la bourgeoisie renferme des éléments, des natures supérieures ; nous nierions le jour ; mais ce que nous nions énergiquement, c'est que cette classe privilégiée ait fourni à l'humanité ce que sa situation lui commandait de donner. Ce manquement l'a déchu à nos yeux.

Si nous voulions de cette observation faire un objet de recherches, nous demanderions : pour un savant illustre, pour une haute intelligence qui se sont révélés et qui n'ont souvent trouvé que la misère pour récompense de leurs recherches, de leurs études, combien de nullités sont devenues millionnaires derrière leur comptoir, derrière leur grand livre, souvent encore confiés à des employés qui apportaient là les connaissances qui faisaient défaut aux patrons?

L'histoire du monde industriel n'a pas une date si éloignée que l'on ne puisse relever les noms des artisans des premières fortunes, et certes si ces noms disent esprit de commerce, on ne pourrait pas leur faire dire autre chose. Ces marchands avaient trouvé le secret de s'enrichir en mettant en œuvre les petits moyens d'intérêts, de bénéfice, d'escompte, etc., — Voila toutes les découvertes que l'humanité leur doit. Revenons à notre point de départ. — Pendant que la fraction la plus intelligente de la Bourgeoisie s'asseyait au pouvoir, l'autre s'enrichissait, Guizot, un des leurs avait crié : enrichissez-vous; ils obéissaient.

Ce besoin de richesse, cette fièvre d'ambition, avaient évidemment une date plus ancienne que ce cri, mais une certaine pudeur arrêtait les désirs ; une fois l'estampille officielle donnée, aussitôt que ce ministre effronté eût clamé cette autorisation, cet encouragement au Lucre, celui-ci ne connut plus de bornes, et l'on vit les tripoteurs grouiller de toute part, et se livrer à la course aux millions avec une rage insatiable ; ce ne fut plus de l'ambition, ce fût du délire.

Pendant ce même temps, un autre phénomène se produisait ; tandis que les capitalistes bourraient leur cerveau des lois de l'intérêt, les esprits prolétariens, eux, sondaient le mal qui allait croissant, et cherchaient avidement le remède a y opposer ; ils voyaient grandir la misère qui les étreignait de plus en plus, ils se sentaient atteints par l'établissement successif de ces monopoles menaçants, ils supputaient la menace, les proportions croissantes que prenait l'ambition de leurs employeurs, et devant la marche accentuée de ces deux ennemis, devant le continuel accroissement des fortunes patronales et des misères prolétariennes, ils pressentaient bien qu'à un moment donné le souci de leur existence les obligerait à réagir vigoureusement, a mettre un frein puissant à cet entrainement, quel que fut le moyen qu'il leur faudrait employer.

Toute la question reposait sur cette interrogation.

A quel moyen avoir recours?

Les masses inconscientes avaient encore quelqu'espoir dans les effets de la politique ; les désillusions ne s'étaient pas encore amoncelées.

Les choses en étaient là quand apparurent les premières phalanges de socialistes militants.

Ces Théoriciens, hommes de réel mérite, embrassaient une rude tâche ; ils allaient s'attaquer à la propriété. Ils ont écrit force volumes, prononcé nombre de discours sur la matière ; il s'agissait de démontrér aux travailleurs qu'ils étaient victimes d'une spoliation journalière, de les convaincre que les employeurs prélevaient sur les employés une somme de bénéfice telle qu'elle constituait a bref délai la fortune pour les uns, et la plus affreuse misère pour les autres.

Nous l'avons dit, la tâche était rude, mais leurs efforts étaient à la hauteur des nécessités, et toujours sur la brêche, peu à peu ils firent le jour dans les esprits.

Les travailleurs virent la vérité, et, pleins d'indignation, ils élevèrent la voix ; ils avaient senti le froid des ciseaux qui les tondaient, et ils commencaient a ne plus accepter si facilement le rôle de victimes.

Les propagateurs avaient bien montré le mal, mais le remède offert avait de si multiples formes, qu'il restait incertain aux yeux de tous ; On se perdait en théories diverses, visant toutes au même but, à l'émancipation du prolétariat, il est vrai, mais sans jetter une vive lumière sur cette solution, sans laisser rien de bien positif a l'esprit ; le but se dégageait bien, mais les moyens pour arriver étaient équivoques et ne traçaient pas un chemin bien sur, quand, au milieu de ces hésitations, l'école révolutionnaire entra en scène toutes voiles dehors.

Elle commença par déclarer que puisque la propriété individuelle était le fruit du vol, le résultat de la tonte dont nous parlions tout-à-l'heure, on ne lui devait aucun respect et qu'elle n'avait pas lieu.

A cette hardie déclaration, les sourcils prolétariens se froncèrent, une issue se dessinait, les oreilles s'ouvrirent aux nouvelles théories, et les travailleurs fouillèrent les livres pour y puiser des arguments appuyant cette déclaration; ils étaient lancés, ils étaient sur la voie, et ne tardèrent pas à se rallier sur la bonne piste.

On arrêta, d'abord, qu'il fallait s'organiser pour exiger le retour à la collectivité de tout ce qui avait été frustré. — Ce premier point arrêté et jetté aux quatre vents du prolétariat, chacun se mit à ébaucher une constitution de cette organisation, et quand on avait pu voir tous les socialistes d'accord sur le premier point, faire faire retour à la collectivité de toute la richesse sociale, on les vit se diviser sur les moyens d'atteindre le but.

Il est cependant bien évident que dans cette occurrence les moyens les plus rapides, les plus surs, les plus efficaces devaient avoir la préférence; au lieu de cela, chacun se cantonna dans l'œuvre de ses pensées, quand les uns parlaient de marcher en avant, avant que l'ennemi commun eut organisé sa résistance, les autres voulurent temporiser, et s'attardèrent dans les sentiers battus de la politique.

Les adeptes du socialisme de 48, s'acharnaient à la propagande de leurs doctrines surannées, et affirmaient que les travailleurs pouvaient arriver au bien être en associant leurs économies et leurs efforts, car disaient-ils, puisque les patrons s'enrichissent, il n'y a pas de raison pour qu'étant nos patrons nous ne trouvions pas le bien être.

Forgées par les Louis Blanc et consorts, ces doctrines

qui avaient été jetées en pâture aux travailleurs de 48 avaient laissé de profondes racines dans le prolétariat, et il fallut de vigoureux efforts pour en amoindrir l'influence.

Leurs conclusions paraissaient toutes naturelles ; il n'y avait pas de raisons pour que les travailleurs associés n'obtinssent pas semblables résultats que les patrons, disait-on ; on ne voyait pas d'obstacles dans cette route, elle paraissait plane du point de départ au but, on ne voyait que le temps nécessaire pour arriver et encore ne le voyait on qu'inconsciemment.

Il ne venait pas à la pensée de ces adeptes que les travailleurs ne pouvaient dans leur situation précaire faire la moindre économie, à moins de se livrer à des privations ruineuses pour le corps en se refusant le nécessaire à la reparation des forces qu'ils dépensent chaque jour au service du capital; on ne voyait pas que ces travailleurs n'avaient absolument rien à associer que leurs misères, ce qui ne peut pas donner de grands résultats.

Ils ne se rendaient pas compte, que si d'aventure quelques travailleurs plus méritants, selon le capital, pouvaient se procurer les fonds nécessaires, à créer une association, et arriver au succès, ils devraient déjà être les tributaires de ce capital, qui ne leur prêtait la main que dans le but de leur faire servir de justification aux conseils intéressés de ces faux théoriciens qui ne cherchaient qu'une chose, attarder les travailleurs dans cette voie sans issue pour eux. Ils ne tenaient pas compte, ces adeptes, de cet écueil, c'est que, en supposant même le succès d'un certain nombre d'associations, on n'atteignait qu'un but, grossir la classe des privilégiés d'autant d'individus que d'associés heureux, sans que pour cela la question générale, l'affranchissement du prolétariat ait fait un seul pas.

On nous a objecté qu'en multipliant à l'infini le nombre de ces associations on finirait par englober tout le prolétariat.

Il faut convenir que ceux qui se contentaient de cette affirmation étaient réellement naïfs ; car, si le capital peut tendre la main aux associations existantes, c'est que, comme nous venons de le dire, elles lui sont utiles pour sa sauvegarde contre ceux qui rêvent à la jouissance d'un bien-être immédiat : mais que l'on soit bien convaincu que le jour où, se multipliant, elles deviendraient une menace pour le capital, celui-ci les aurait bientôt écrasé sous sa puissance ; ceci ne fait pas l'ombre d'un doute.

Le défaut des Coopérateurs est de ne pas vouloir reconnaître cette alternative.

A côté de ces théoriciens d'antan, vint se placer une fraction des socialistes de la nouvelle école ; ceux-ci répudiaient l'association comme moyen insuffisant, ils déclaraient hautement que les instruments de travail, le sol et le sous-sol devaient revenir aux mains du prolétariat, ils avaient même, dans le principe, affirmé les moyens révolutionnaires, puis, se ravisant, faisant un retour sur eux-mêmes, ils s'étaient éloignés de cette théorie pour se cantonner dans la conquête du pouvoir par le suffrage universel.

La conquête du pouvoir ! ! ! Que ces mots en disent long et qu'ils renfermeraient de menaces pour les exploités, s'il nous était donné de voir un état, fut-ce même le 4me, se fonder d'après les données des chefs de cette école.

Nous ne comprenons pas les propagateurs de ces idées. Est-ce qu'ils n'ont pas comme nous la preuve irréfutable que le pouvoir grise ceux qui le détiennent ? Ou bien auraient-ils l'outrecuidance de se croire meilleurs, supérieurs aux autres hommes ?

Pour notre compte, nous ne le croyons pas ; ils ne sont, selon nous, ni meilleurs ni plus mauvais, mais seulement égarés par leurs théories erronnées.

Nous n'avons aucune confiance dans les hommes quels qu'ils soient, nous affirmons que quand on a en mains les moyens de se procurer du bien-être on s'en procure, fut-ce même au détriment d'autrui ; les ouvriers au pouvoir ne nous inspireraient pas plus de confiance que les bourgeois et, selon nous, nous ne retirerions d'autre avantage dans le 4me état que d'être un peu plus gouvernés.

Puisque le pouvoir, l'autorité sont les causes du mal dont souffre l'humanité pourquoi en rêver une réconstitution.

Est-ce que ces citoyens dévoués, nous aimons à le croire, ont bien réfléchi à la valeur de leur moyen ? Ont-ils tenus un compte assez sérieux de l'influence du capital sur le corps électoral? Ont-ils songé à l'ascendant moral de la position du candidat sur les masses votantes ? Ont-ils oublié le petit nombre d'électeurs indépendants?

Evidemment, ils ont omis de tenir compte de tous ces écueils ou bien ils se sont leurrés et ont leurré les citoyens qui suivaient leur drapeau.

Aujourd'hui il est donné a tous le monde de se rendre un compte exact du résultat de leurs efforts.

Quel progrès ont-ils fait dans les collèges électoraux ? Hélas ! nous devons le dire avec tristesse, parce-que les résultats négatifs nous affirment que les masses ne se laissent pas convaincre facilement par le raisonnement tandis que le fait les surprend, les entraîne et les enchaîne.

Mais soyons généreux ; concédons a ces lutteurs que : à force de propagande et de persévérance, après de nombreuses années enfin, ils pourront arriver a faire élire une majorité ouvrière dans les assemblées communales et à la chambre des députés ; admettons aussi que cette majorite décide, édicte des lois portant atteinte à la propriété individuelle, cette arche sacro-saint de l'organisation sociale actuelle ; est-ce que ces socialistes ont la foi assez naïve pour admettre que ces lois recevraient leur exécution ?

Nous ne leur ferons pas l'injure de le croire, car ils savent bien comme nous que les détenteurs actuels de la richesse sociale ont entre les mains les moyens nécessaires pour se défendre contre semblable tentative.

On nous répond alors victorieusement : c'est possible ; mais c'est là où nous les attendons ; s'ils refusent obeissance à la loi ils se mettent en révolte ouverte et nous autorisent a agir en hommes en cas de légitime défense.

Personne alors ne reculerait devant la tâche nécessaire.

Oui, oui, en effet ce serait la révolution malgré les atter-moiments, les compromis, et les faiblesses employés pour l'éviter.

La Révolution légale, reprend-on.

Elle aurait beau être légale, si elle n'avait pas la force elle serait réprimée et alors les victimes ne se pourraient plus compter. — Pourquoi tant de précautions, de scrupules vis-a-vis d'un état de choses que l'on reconnait mauvais ? Dans une Révolution, le vainqueur seul est légal.

Les partisants du vote ajoutent : pourquoi tant critiquer le suffrage puisque c'est a l'aide de cet instrument que la bourgeoisie a constitué son organisation ? pourquoi n'arriverions nous pas aussi bien qu'elle ?

Pourquoi ? mais parce que cette bourgeoisie a constitué un état de choses contre lequel nous nous révoltons sans cesse et que nous ne voulons pas plus de domination ouvrière que de domination bourgeoise ; parce que si dans les luttes armées, qu'il a fallu soutenir, elle n'avait pas eu le prolétariat comme auxiliaire, elle ne serait arrivée a aucun résultat et enfin parce que même avec tous ces moyens il lui a fallu près d'un siècle pour asseoir sa domination.

Nous savons bien qu'elle peut compter, quelques personnalités arrivées premières et depuis longtemps, mais la classe, elle, a mis 3/4 de siècle a atteindre son but.

Est-ce que les partisants du 4e Etat veulent imiter cette tactique ? accepter un aussi long terme pour l'avènement de l'émancipation prolétarienne.

Nous voyons bien ce qu'y gagneraient quelques individualités, mais nous cherchons en vain le bénéfice qu'en retireraient les masses ?

Ne voit-on pas, autre inconvénient des plus graves, que si par un hasard impossible a admettre on arrivait a écremer la classe travailleuse pour tirer de son sein un organisme gouvernemental, ne voit-on pas que l'on laisserait derrière soi toute une quantité innombrable d'individus qui seraient dans l'impossibilité absolue de se défendre contre le nouvel état de choses les êtres d'initiative leur faisant défaut, ne voit-on pas que cette masse serait condamnée a des siècles et des siècles de servitude et de misères ? — Nous l'avons dit, il nous plait de le répéter, les hommes ne nous inspirent aucune confiance, qu'ils soient nobles, bourgeois ou ouvriers, il ont les mêmes défauts naturels.

Si dans un autre chapitre nous affirmons que l'harmonie sera la base de la Société nouvelle, ce n'est pas que nous espérions en des hommes meilleurs ; mais c'est parce que ils seront placés dans un milieu où ils n'auront aucun intérêt à faire le mal et qu'au contraire ils satisferont leur intérêt en faisant le bien ; ils seront donc forcés d'être bons.

A quelque temps de l'organisation de cette fraction du parti socialiste dont nous venons de suivre la marche, une scission s'opéra dans son sein, et les divers chefs ne pensant pas de même, se séparèrent assez bruyamment, s'accusant mutuellement d'intrigues et d'ambition.

Que l'on nous laisse dire en passant que sans ces chefs le parti socialiste ne se fut probablement jamais divisé. Les hommes auraient pu penser différemment, mais ils seraient restés unis, tandis qu'avec des chefs, des têtes de lignes, comme on s'est plu à les qualifier, quand il y a dissensions, les partisans des uns et des autres épousent les querelles personnelles et la division se produit.

Voilà les effets d'une autorité morale seulement ; que

l'on suppose qu'elle ait été effective, les partisans en seraient venus aux mains. Ah ! de grâce plus d'autorité ; tandis que les uns rêvent le pouvoir conquis par le bulletin de vote, les dissidents le veulent chercher dans les risques d'une révolution ; comme on le voit, ils ne diffèrent que par les moyens, mais ils ont le même but, la constitution du 4e Etat ; aussi ne renouvellerons nous pas pour ceux-ci les critiques que nous avons présentées sur ceux-là.

Un pouvoir, une autorité, qu'ils naissent d'une majorité quelconque au moyen du bulletin de vote, ou par la force des armes, c'est une autorité qui s'impose à la minorité et qui a par ce seul fait, cette minorité comme adversaire, comme ennemie, ennemie qui n'aura pas une minute de répit qu'elle ne soit devenue majorité à son tour pour supplanter sa rivale, si bien que les opposants augmentant de nombre chaque jour finissent par menacer le pouvoir établi, et nous jettent à nouveau dans des révolutions en permanence, qu'on le veuille ou qu'on ne le veuille pas.

C'est en face de ces diverses alternatives que le parti communiste-anarchiste s'est constitué ; c'est pour dégager l'esprit ouvrier des erreurs des autres écoles, c'est pour résoudre cette grande question, ce grand problème, qu'il a propagé ses théories.

Que demandent les êtres humains ? Vivre en paix et ne jamais craindre pour le lendemain, n'est-ce pas ?

Eh bien ! peut-on vivre en paix sans être absolument libre ? Evidemment non, car l'esprit de révolte gronde toujours contre l'oppresseur.

Il faut donc que nulle autorité ne se dresse devant l'individu pour qu'il soit absolument libre, que nul ne puisse lui imposer quoi que ce soit.

Pour que cette liberté ne soit pas un leurre, il faut qu'il vive dans un milieu où, sans aucune condition, il ait à sa disposition, satisfaction à tous ses besoins ; nous disons sans condition, car s'il y en avait une seule, elle créerait une autorité.

Ces deux conditions peuvent-elles exister dans une organisation sociale ?

Nous répondons affirmativement ; notre troisième chapitre le prouvera malgré que certains économistes aient prétendu que la terre ne produirait pas suffisamment pour donner satisfaction à tous les besoins d'une humanité organisée selon nos bases et où l'accroissement de la population serait considérable par le seul fait des satisfactions obtenues.

Si nous fournissons cette preuve, et nous la fournirons, cette organisation obtenant les résultats rêvés par l'humanité, nous sommes bien obligés de donner les moyens d'atteindre ce but ou alors notre solution ne serait pas complète.

Nous avons dit dans notre avant-propos que nous croyions la révolution indispensable, comme moyen, parce qu'elle était la seule arme qui soit restée dans les mains du prolétariat pour conquérir cette indépendance si désirée ; nous avons ajouté que nous voulions justifier cette révolution ainsi que les moyens que les anarchistes mettent en pratique, obligés qu'ils y sont par la situation.

Nous allons, en historiens fidèles, essayer de présenter cette justification, certains que comme nous le lecteur restera convaincu de la logique de la conduite des anarchistes.

Les révolutions heureuses par les prises d'armes sont rares dans notre histoire, tandis que les hécatombes qui suivirent les soulèvements populaires malheureux sont au contraire nombreuses ; devant cette observation les anarchistes ont-ils eu raison de croire qu'il était nécessaire de sortir de l'ornière révolutionnaire, qui n'offrait aux lutteurs que de stériles sacrifices ? c'est notre opinion. Alors ils se sont dit que : Si dans les révolutions heureuses qui toutes avaient été politiques, c'est-à-dire le fruit de combinaisons ambitieuses des diverses classes bourgeoises, on était arrivé au succès, c'est que cette classe pouvant compter des siens à tous les degrés de l'échelle sociale il lui était facile de se ménager des intelligences dans les rouages gouvernementaux, ayant divers moyen d'y acheter des sympathies, tout au moins des neutralités ; si bien que quand l'orage éclatait, le pouvoir régnant se trouvait abandonné de toute la force que la bourgeoisie avait su attirer à elle ; cette force jointe à l'élément ouvrier rendait la victoire facile : Février surtout nous le démontre. Les rebelles ne redoutaient rien et ils avaient tout à gagner dans le nouvel état de choses ou ils trouvaient toujours une position supérieure à celle qu'ils occupaient avant. Tenter les défections dans les forces gouvernementales était donc le point de mire de ceux qui fomentaient une révolte et encore une fois, comme on pouvait grassement payer les transfuges, ils ne manquaient jamais à l'heure du succès ; ils y trouvaient une double récompense : ils étaient comblés d'or et d'honneur et ils avaient en outre le relief de s'être dévoués à la cause populaire.

C'est avec des dévouements de cette farine que la bourgeoisie nous a rivés au capital pendant un demi-siècle.

Pouvons-nous compter sur de semblables secours nous prolétaires ? Evidemment non ! Le travailleur sait se battre et mourir, mais cela ne suffit pas, et chaque fois que nous présenterons nos poitrines aux forces gouvernementales, elles les troueront de leurs balles fraticides, et quand bien même nous pourrions nous procurer des armes, que peseraient-elles dans la balance de la victoire, en face des engins meurtriers que possède le capital ?

Est-ce que juin 48, mais surtout mai 1771, ou l'insurrection avait par hasard pu s'armer extraordinairement ne nous disent pas du reste le sort qui attend toute prise d'armes exclusivement ouvrière.

Les anarchistes devaient donc, devant les leçons du

passé, chercher les moyens de sortir de cette voie pleine de déceptions et de victimes.

Puis qu'ils reconnaissaient la révolution indispensable pour l'avènement de leurs théories il fallait donc qu'ils manœuvrassent pour que la première qui se présenterait à eux n'échappât plus aux efforts de ceux qui de tout temps se sont vainement faits tuer dans l'intérêt de leur situation économique.

Une révolution toute économique ne peut-être que l'œuvre du prolétariat; elle doit donc avoir contre elle tous ceux qui directement ou indirectement vivent du capital.

Il est vrai qu'un certain nombre de nos adversaires vivent du capital à l'état de servilité et que ceux-là se détacheront facilement de lui, mais ils ne peuvent pas être comptés comme des auxiliaires pour les révolutionnaires.

Les révolutionnaires concients seront donc seuls en face des forces imposantes dont dispose l'Etat, en face de tous ses engins meurtriers. Croit-on dans cette occurrence qu'il serait sage, même si l'on pouvait grouper en un faisceau relié étroitement, les forces révolutionnaires, croit-on qu'il serait sage d'opposer ces forces presque désarmées aux nombreux bataillons, aux canons à longue portée, aux mitrailleuses du pouvoirs? Nous ne le croyons pas ; on courrait à un écrasement certain, aujourd'hui plus qu'hier et demain encore plus qu'aujourd'hui. Il faut donc abandonner le cadre des révolutions passées dans le prochain mouvement révolutionnaire si l'on veut aller au succès.

Aussi les anarchistes qui ont mûrement étudié la question ont-ils résolu d'aller au but par un chemins plus sûr et moins périlleux.

Les masses ouvrières françaises sont facilement entraînées dans les mouvements de révolte, mais pour qu'elles résistent à la lutte et qu'elles y tiennent la place nécessaire à la victoire, il faut qu'elles aient des chefs, qu'elles soient gui dées, commandées ; voilà justement où est l'écueil, le danger tant redouté.

Car il est rare que ces chefs, ces guides, ne viennent pas par la suite imposer leur direction a ceux qu'ils ont conduit à la victoire ; ils ont aux yeux des combattants conquis le droit de commander ; on leur obéit ; croyant en eux sur le terrain de l'organisation comme on y a cru justement sur le terrain de la lutte. Ils sont les maîtres alors, nul ne peut dire le contraire. C'est ainsi que Napoléon 1er put s'emparer du pouvoir, étant le chef d'une armée victorieuse ; c'est ainsi que Lafayette put en 1830 impunément escamoter la Révolution au profit de l'homme au parapluie.

Et bien c'est ce danger que les anarchistes ont voulu éloigner, faire disparaître.

Mais pour arriver, par la parole ou par la plume, à convaincre les prolétaires de l'imminence de la gravité de ce danger à l'heure suprême de l'insurrection, il leur aurait fallu au moins autant de temps qu'aux possibilistes pour conquérir le pouvoir à coups de bulletin de vote ; devant ces obstacles il fallait donc aviser et trouver un autre moyen de persuasion.

La propagande par le fait, ayant paru remplir les conditions nécessaires a atteindre ce but, tous les efforts furent donc dirigés de ce côté.

La tête de Louis XVI, roulant sur l'échafaud révolutionnaire, était, contre le prestige dont les têtes couronnées jouissaient, la plus concluante démonstration qui pût être faite ; elle était supérieure a tous les livres qui auraient pu être écrits, à tous les discours qui auraient pu être prononcés à ce sujet

Quand la hache populaire eut séparée cette tête du tronc, il fut clair pour tout le monde que ces êtres autrefois sacrés pour les masses ignorantes, n'étaient le plus souvent que de vulgaires imbéciles ; à partir de ce moment la Royauté fut frappée mortellement ; en coupant cette tête les révolutionnaires de 89 mettaient en pratique la propagande par le fait.

En mettant la main sur Marie Antoinette et sur le petit Capet, ils attaquaient le principe dans ses racines et c'en eut été fait de lui si une cupide bourgeoisie n'avait pas prêté les mains a sa reconstitution de laquelle elle devait tirer ses premiers profits.

Aujourd'hui que tous les peuples savent ce que l'on doit à tous les rois, à tous les gouvernants; aujourd'hui que ces monstres sont tenus pour ce qu'ils valent, il reste encore un préjugé à combattre, un sot respect à détruire, respect aussi peu raisonné que celui de la Royauté, nous voulons parler du respect de la propriété individuelle.

La légitimité de l'une est égale a celle de l'autre, et quand la bourgeoisie a cru bon de détruire la royauté à son profit nous nous demandons pourquoi le prolétariat ne pourrait pas détruire la propriété à son bénéfice.

Quand les écrivains bourgeois ont attaqué, nié, détruit le principe de légitimité de la royauté, ils ont pu facilement prouver que les premiers porte couronne n'étaient arrivés au trône que par la ruse et les armes à la main ; nous n'avons pas eu plus de peine a démontrer que le capital n'avait pas une autre origine. Quand ils ont affirmé que nul n'avait le droit de disposer d'un peuple sans sa volonté, ils fournissaient des armes contre ce capital qui, lui avec sa toute puissance asservit mieux les peuples que les rois les plus absolus ne l'ont jamais fait ; il les tient par l'estomac, il les affame et au moyen de la faim de l'horrible faim il les amène a récipiscence.

Quand on a trouvé l'argument suffisant contre la Royauté pourquoi perdrait-il de sa valeur contre la propriété individuelle !

Nous avons fourni assez de preuve contre la légitimité du capital (quand nous disons nous, nous sous entendons le parti socialiste), pour espérer au même résultat que la bourgeoisie c'est à dire à sa disparition seulement à l'encontre de celle-ci nous voulons brûler les étapes et passer au plus tôt de la théorie à la pratique, et semblables aux hommes de 89 il faut que ceux qui osent mettent la main sur l'ennemi puisqu'on a suffisamment prouvé son illégtime existence.

Que le Prolétariat se rende bien compte de ceci, la bourgeoisie en décapitant la Royauté a ouvert l'ère de son indépendance; s'il veut conquérir la sienne, qu'il décapite le capital. Le premier exemple a porté des fruits heureux, le second ne peut pas avoir de résultats inférieurs.

Ce capital a contre lui des faits accablants, et, chaque jour, on relève contre lui des monstruosités ; quand nous disons le capital, nous voulons dire l'organisation sociale actuelle qu'il commande.

Oui, chaque jour, on peut constater de nouvelles victimes de cet état de choses.

Nous citerons un fait dont nous avons été témoins.

C'était le samedi, 10 Mars 1883, le lendemain de cette manifestation dont on menait si grand bruit, dans le camp bourgeois, et pour laquelle quelques uns de nos vaillants et meilleurs amis ont été jetés en prison, accusés d'être entrés chez des boulangers pour y prendre du pain pour les malheureux que la faim torturait.

Nous passions à deux heures après midi sur le boulevard Henri IV; une femme jeune encore, portant un enfant d'un an à peine dans ses bras, venait de tomber anéantie, affamée sur un des bancs établis sur les trottoirs.

Nous nous approchâmes de cette victime du capital, nous jetâmes un regard sur le petit être qu'elle tenait collé contre son sein, depuis longtemps tari sans doute, car si l'enfant n'était plus qu'un squelette, la mère était aussi hâve, décharné, eayant a peine le soufle. Qu'elle avait dû souffrir la faim pour être dans cet état !

A ce spectacle, la colère nous monta au cerveau, et après

nous être assuré que la faim seule les avait jetés là tous deux, la mère et l'enfant, nous nous sommes écrié tout haut :

Comment ose-t-on accuser ceux qui hier ont été assez osés pour prendre du pain pour assouvir leur appétit, quand on n'a pas un mot pour flétrir une société dans laquelle une mère et son enfant peuvent mourir de faim sous les yeux des repus ?

La foule s'amassa ; de toutes parts on plaignait cette malheureuse mère et son plus malheureux enfant ; devant ce sentiment général, nous ne pûmes retenir notre indignation et nous reprimes :

C'est la Société qu'il faut accuser et non cette femme qu'il faut plaindre, car selon nous, avant de s'affaisser la mourante, pendant qu'elle en avait la force encore, elle aurait dû avoir le courage de se procurer du pain pour son enfant. Est-ce que ce n'était pas son devoir ? Est-ce sa faute si elle est sans le sou ? Pour nous, elle est coupable d'enfanticide par imprudence.

Est-ce qu'elle n'est pas responsable devant l'humanité de la vie de ce petit être? Est-ce que la Société ne l'eût pas poursuivie comme une criminelle si ayant chez elle de quoi subvenir aux besoins de son enfant, elle lui eût refusé son nécessaire? Evidemment si. Eh bien! cette société qui se dresserait menaçante devant une mère assez marâtre pour laisser mourir de faim son enfant, qui n'aurait pas assez d'indignation et de châtiments pour elle, reste froide devant la mort de la mère et de l'enfant sans ressources. Est-ce que la Société n'est pas responsable vis-à-vis de l'humanité comme la mère devant la Société?

Oh! si l'hiver, quand une foule innombrable de malheureux ouvriers offrent chaque jour en vain leurs bras au travail, si quand ils rentrent au logis qui retentit des cris déchirants des enfants demandant du pain ; Ah ! si ces malheureux se disaient, que demandons-nous ? Du travail ! La société ne peut nous en fournir, dit-on, mais est-ce que notre labeur ne l'a pas enrichie cette société ? est-ce qu'elle a le droit de nous condamner à mourir de faim quand elle regorge de richesses? Non! non! cent fois! et si à la suite de ce raisonnement ils criaient aux enfants, vous allez en avoir du pain!

Comment ferait-on pour empêcher tous ces meurts de faim de donner satisfaction à leur appétit seulement?

Croit-on qu'on aurait la force suffisante pour réprimer ce besoin de manger que voudraient satisfaire des centaines de mille hommes?

Nous ne mettons ici en relief que les victimes faites par la faim, combien d'autres causes a encore à se reprocher cette société marâtre.

Qui ne sait que des milliers d'êtres, enfants ou adultes, meurent chaque année victimes de maladies contractées a un travail homicide, que des soins couteux peut-être pourraient sauver, et qui ne peuvent leur être donnés faute de ressources? Ah! elle est bien coupable cette Société, et pourtant établie comme elle est, elle ne peut faire autrement.

Voilà la terrible alternative où est accumulée une Société basée sur la propriété individuelle et ce qui enchaîne ces malheureux, ce qui voile cette alternative, c'est le seul respect imbécile pour cette propriété.

Ce respect est tellement enraciné dans les esprits, que nous voyons chaque jour des individus préférer la mort au manquement à ce respect.

Pour ceux-là, le capital n'a pas assez de louanges ; on célébre les vertus de ces sublîmes et inconscientes victimes, et on use et abuse de ce lévier pour maintenir ce respect.

Il est donc utile qu'une action de propagande soit faite pour montrer à tous combien sont coupables ceux qui conservent encore ce préjugé, ceux qui conservent des scrupules qui ne font qu'enchaîner les besogneux aux flancs de la misère.

Ah ! nous savons bien que les Prud'hommes de la société nous répondront que si ces travailleurs avaient économisé dans leurs jours d'abondance, ils ne seraient pas réduits à cette misère et que la société ne peut pas, ne doit pas même pourvoir à cette imprévoyance. Oui, c'est la réponse qui se reproduit chaque fois que les heureux se trouvent en face d'un fait comme celui que nous avons rapporté.

Mais ceux qui font cette réponse se contenteraient-ils de cette vie misérable ? Ne savent-ils donc pas que, même dans les jours de travail, le nécessaire arrive à peine au foyer ? Comment ferait-on pour économiser ?

La preuve est bien simple à fournir ; jetons les yeux sur un budget de prolétaires sur le budget d'une famille composée du père, de la mère et deux enfants.

BUDGET DE RECETTES

Le travailleur ne peut guère compter que sur 280 journées de travail par an. La ménagère ne peut pas espérer fournir plus de 200 jours à cause des soins du ménage.

Soit donc 280 jours à 5 fr.	»	=	1540 fr.
200	1 fr. 50	=	300
Total des ressources..			1840 fr.

BUDGET DES DÉPENSES

Pain par jour..	0,80	
Vin	0,60	
Viande	1,00	
Légumes	0,60	
Beurre, savon etc.	0,25	
Eclairage	0,15	
Total ..	3,40 × 365 =	1241 f.
Loyer		300
Blanchissage..............		130
Entretien		150
Chauffage..............		40
		1861 f.

Déficit pour chaque année 21 fr.

Et bien, Prud'hommes, ce budget s'équilibre-t-il ? sur quoi donc économiser ? Et trouverez-vous qu'ils font trop grasse chaire ces 4 personnes, vivriez-vous de si peu, vous ? Et encore nous ne tenons compte d'aucun chômage, d'aucune maladie, et chacun sait si ces gens qui peinent tant toute leur vie en sont exempts ; ces deux éléments seuls anéantiraient toutes les resources que de dures privations pourraient donner.

Et puis, croit-on que nous ayons pris un chiffre moyen du prix de journée ? 5 fr. 50 ! Combien il en est qui ne les touchent pas? Pas de tabac pour l'homme, pas de faux frais pour le ménage, faux frais inévitables pourtant ; et malgré celà le budget est à découvert de 21 fr. par an : 21 fr. que l'ouvrier ne peut payer ; alors la Société l'accuse, le condamne, le poursuit de son refrain, Paresseux, Débauché, Gourmand, etc., etc.

Toutes ces misères, ces appétits inassouvis sont autant de pierres qui se detachent de l'édifice social actuel qui craque de toutes parts, et cette situation qui va s'aggravant, est due à la seule existence de la propriété individuelle.

L'antagonisme des intérêts est tel que la lutte pour la vie est une guerre de chaque jour, de chaque heure pour chaque individu.

Le prolétaire lutte pour son pain contre le capital qui veut toujours s'augmenter d'ou il suit que le fossé creusé entre ces deux facteurs de la question sociale se creuse de plus en plus au lieu de se combler.

Nous ne ferons pas ici l'historique des exigences du capital vis-à-vis de l'industrie, exigences qui ont rejailli sur la main-d'œuvre et qui ont mis les travailleurs, malgré l'augmentation apparente de la main-d'œuvre, dans une situation plus malheureuse que celle qu'ils occupaient il y a un siècle ; nous disons apparente, parce que pendant que le salaire s'élevait de 67 0[0, le prix des denrées alimentaires montait de 145 0[0. Citons des chiffres, ils seront plus éloquents que nos phrases.

Le tableau la *Province de Touraine* nous dit que, de 1700 à 1789, les salaires se sont élevés de 20 0[0 ; il ajoute que le blé, qui valait 18 sous le setier en 1700, valait 24 sous en 1789 : soit une augmentation de 33 0[0.

La statistique du ministère de l'intérieur, en 1855, déclare que, de 1824 à 1855, les salaires ont augmenté de 17 0[0, surtout dans l'industrie du bâtiment ; mais elle constate aussi que, abstraction faite des pommes de terre et du poulet dont les prix se sont extraordinairement élevés, le prix moyen des principaux comestibles pendant ces 30 années s'est élevé de 45 0[0, et on cite le pain de 2me qualité qui est monté de 0,14 à 0,19, le bœuf qui valait 0,36 en 1824 et atteignait 0,52 en 1855, le mouton montant de 0,38 à 0,56, le porc de 0,43 à 0,66 : soit en somme une moyenne de 53 0[0.

Un peu plus tard, Monsieur Husson, un économiste pas révolutionnaire celui-la, écrit, forcé par la vérité, que si les salaires ont pris une plus value de 30 0[0 de 1858 à 1874, l'augmentation des choses nécessaires à la vie a atteint le chiffre de 59 0[0, et il cite le prix moyen de la journée de travail qui a monté de 3,82 à 4,98, le bœuf qui valait 1,02 en 1853 et se vendait 1,80 en 1874, soit 76 0[0, — le mouton qui montait à 56 0[0, le porc à 47 0[0, — les œufs à 66 0[0 et le beurre à 44 0[0 : enfin, comme nous l'avons dit, une moyenne de 59 0[0.

Ces chiffres sont aussi incontestables qu'officiels.

Avions nous raison tout-à-l'heure d'avancer que la position du travailleur s'était amoindrie pendant que celle des jouisseurs s'augmentait. Oui, ces chiffres prouvent clairement que plus la fortune publique s'élève, plus la misère du prolétaire augmente.

Pendant que nous sommes dans les statistiques, donnons encore les chiffres suivants qui se dresseront aussi en accusateurs terribles contre le capital.

Ces chiffres ont été pris dans le recencement quinquennal du ministère du commerce de l'année 1873.

Le nombre des patentés, c'est-à-dire des patrons ou

marchands qui était de 2,712,433 en 1857, n'était plus que de 1,529,393 en 1873, soit en 16 ans une diminution de 1,183,040 individus qui sont retombés dans le prolétariat, parce que le capital, qui a tout monopolisé à son profit, a détruit ces positions intermédiaires qui le gênaient dans ses rapports. L'acussation est-elle assez accablante ?

Complétons ces renseignements instructifs.

Le recensement de 1883 nous apprend qu'il y a en France 15.600,000 personnes travaillant, geignant, peinant d'un bout de l'année à l'autre, dans une foule d'industrie diverses, pour faire vivre 1,100,000 patrons parmi lesquels il faut encore compter un certain nombre sans doute prêt à disparaitre de la liste des patentés ; le reste représente les jouisseurs.

La richesse publique augmente il est vrai, mais comme on le voit elle tend de plus en plus à se concentrer en quelques mains, en laissant le reste de la population se partager les misères et les privations.

C'est dans l'ascension de ces fortunes impudentes, dans ce mouvement vertigineux, dans cette lutte de la concurrence, dans ces efforts de « l'enrichissez-vous » que le travail est empoigné et broyé chaque jour par la nécessité du besoin de fortune

Et l'on s'étonne que revenu à lui, pouvant apprécier les faits, ayant été mis à même de les juger à leur juste valeur, on s'étonne, disons-nous, que le travailleur veuille se faire justice ? Le contraire nous étonnerait certainement; parce qu'enfin il n'est pas admissible de supposer que l'espèce humaine sera toujours à la merci, à la discrétion de quelques privilégiès, de quelques possesseurs plus ou moins méritants, plus ou moins coupables, mais, en tous cas, toujours responsables.

On ne nous accusera pas d'avoir noirci ce tableau à dessein : nous avons été au contraire très sobres d'accusations ; car, hélas ! combien nous en avons négligé. Nous aurions certes pu soulever plus d'un voile qui aurait montré les foyers de gangrène de cette société : nous nous en sommes tenus aux généralités, certains qu'elles suffiront amplement à amener le dégout dans tous les cœurs vraiment honnêtes.

Résumons-nous pour terminer ce chapitre.

L'état de choses qui offre un aussi sombre tableau que celui que nous avons exposé, peut-il se perpétuer?

Nous répondons : non!

Est-il transformable d'une manière pacifique ?

Encore non, — les détenteurs de la propriété n'étant pas d'humeur à s'en désaisir gracieusement.

La Révolution est donc nécessaire et légitime, puisque la situation actuelle est contre toutes les lois de la nature.

D'autre part, cette révolution nécessaire, légitime, peut-elle espérer le succès avec les moyens habituels aux révolutions passées? — nous avons suffisamment prouvé que non. Dans cette occurrence, la propagande par le fait pouvant donner des résultats certains est donc justifiée.

On ne s'attend pas, sans doute, à ce que nous entrions dans les détails de la propagande par le fait ; d'autres que nous se sont suffisamment étendus sur ce sujet.

Nous croyons avoir atteint le but que nous nous proposions d'atteindre dans ce premier chapitre ; dans le chapitre qui va suivre, nous allons démontrer que l'élément principal, le lien le plus fort de toute loi sociale, l'intérêt individuel, ayant été mal compris dans l'organisation sociale actuelle, en a été l'élément dissolvant. Tandis que dans la société de l'avenir il sera, au contraire, le lien qui reserrera étroitement les êtres les uns aux autres.

En un mot, les intérêts individuels sont antagoniques aujourd'hui et c'est justement par eux que nous voulons établir l'harmonie; nous allons le démontrer.

CHAPITRE II

Antagonisme et Harmonie

Nous avons déclaré que pour former notre jugement sur les loi qui régissent la société actuelle, nous n'aurions pas d'autre pierre de touche que les lois naturelles, et nous nous en tiendrons a ce critérium.

Nous ne supposons pas qu'il vienne à la pensée de qui que ce soit de contester son infaillibilité : ce serait folie selon nous, car ce critérium n'est pas l'œuvre d'une conception, mais bien au contraire le résultat de la réunion des phénomènes de la nature et nul n'oserait prétendre que le produit de cervelles humaines, — les lois sociales ne sont pas autre chose, — puisse être mis en parallèle avec les indications de la nature.

Ce point ne peut donc soulever aucune discussion et nous pouvons l'enrégistrer comme nous étant acquis.

Cela étant, quand nous examinerons les lois sociales, si nous démontrons qu'elles sont complètement en contradiction avec les lois naturelles, nous serons autorisés à prononcer contre elles.

Si nous les condamnons a disparaître, ce sera œuvre de justice et le lecteur en sera convaincu quand nous aurons mis les faits sous ses yeux.

Nul ne pourra s'élever contre notre conclusion, en dehors de ceux dont ces lois consacrent les privilèges ; s'il en était autrement, ceux qui s'inscriraient contre elle, s'élèveraient contre la vérité, la nature seule étant absolue ; mais nous ne voulons pas supposer aux hommes, quelque gouvernants et autoritaires qu'il puissent être, l'outrecuidance d'opposer les mesquines élucubrations de leurs cerveaux aux manifestations de la nature.

Avant de nous livrer à l'examen des loissociales nous voulons répondre à certaines objections d'économistes aux abois.

A l'apparition des théories communistes anarchistes, à leur entrée dans les champs de la propagande, on a tout d'abord nié la possibilité de cette organisation ; puis quand les propagateurs furent à même de donner de larges développements à ces théories, on fut forcé alors de reconnaître la possibilité du fonctionnement de cet organisme ; mais comme il était urgent pour la situation actuelle que ces idées ne prissent pas trop rapidement racine dans les cerveaux prolétariens, on leur suggèra mille embûches : les propagateurs furent en butte à mille tracasseries, mille persécutions, et leurs adversaires cherchèrent de toutes part à forger des arguments contre leurs théories. Les plus vaillants, les victorieux, ont trouvé l'objection suivante :

« Dans l'état social que vous rêvez, la terre n'aura certes « jamais assez de produits pour l'alimentation d'une popu- « lation qui ira toujours croissant et dans de notables pro- « portions puisque chaque être pourra trouver satisfaction « à tous ses besoins, à tous ses désirs ; l'homme n'ayant « plus à redouter les charges de la famille, et les besoins de « procréation n'ayant plus aucun frein, il y aura évidem- « ment insuffisance à un moment donné : comment y pare- « rez-vous ?

« Cette menace d'insuffisance n'est pas illusoire croyez « le-bien devant cet accroissement aussi probable que re- « doutable.

« Aujourd'hui les masses besogneuses sont pourtant « nombreuses, c'est-à-dire qu'il y a quantité d'êtres qui « manquent même du nécessaire, malgré cela, rien ne se « perd de la production : on doit donc en conclure que si » aujourd'hui même il fallait donner à tous les satisfactions « que vous promettez si légèrement, on se trouverait cer- « tainement en face d'une pénurie réelle. Que serait-ce « alors si la population doublait, triplait ?

Nous ne considérons pas cette objection comme bien sérieuse et nous ne lui accorderons pas plus de gravité qu'elle n'en mérite, que ses auteurs ne lui en accordent sans doute eux-mêmes ; elle n'est certes pas de nature à nous embarrasser. Nous allons y répondre par des chiffres.

Nous reconnaissons bien volontier que l'accroissement de la population aura lieu dans de notables proportions, dans un temps et un milieu donné, mais nous voulons démontrer que cet accroissement, quelqu'il soit, n'aura jamais de pénurie à redouter, d'abord, et qu'il sera loin d'être aussi redoutable que l'on se plait a nous le dire.

On affirme que rien ne se perd de la production actuelle.

Cette affirmation est au moins contestable, nous croyons au contraire que, par suite du non écoulement en temps opportun d'une certaine quantité de produits, on peut compter sur un chiffre de pertes assez appréciable.

Nous ne voulons pas dire que nous trouverions là des ressources pour parer à une augmentation sérieuse, non ! mais cela peut être un appoint.

D'autre part, croit-on que toute la terre cultivable soit aux mains des cultivateurs ? Evidemment non.

Puis enfin, croit-on que la terre cultivée offre tout le rendement qu'elle serait succeptible de donner, si la science, dégagée des mains du capital prêtait un concours actif intelligent à cette œuvre, ce qui aurait lieu certainement si les savants faisaient de la science pour de la science et non pour de l'argent, si le nombre des chercheurs était aussi grand qu'il devrait l'être, c'est-à-dire si tous les intéressés étaient mis a même, par une solide instruction d'ouvrir à leur aise le livre de la science? S'il en était ainsi, nous sommes persuadés que ce rendement subirait de grandes modifications ; et si le passé est un enseignement pour nous nous serons complétement rassurés, car nous pourrons voir tout-à-l'heure que dans 84 années, alors que le progrès était lettre morte, que la science appliquée à la culture était complétement nulle, le rendement s'est accru de près de 100 0/0. Si nous considérons ce résultat, quelle déduction devons-nous en tirer pour l'avenir?

Nous allons donc examiner ces deux points :

Toute la terre cultivable est-elle cultivée?

La terre rend-elle ce qu'elle pourrait rendre?

La France est certes une des nations où il y a le moins de terrains incultes ; malgré cela c'est sur son territoire que nous allons établir nos chiffres de comparaison.

S'ils sont tels qu'ils repondent amplement aux terreurs des trembleurs intéressés, nous aurons encore une réserve abondante à mettre en ligne, ce sera celle que nous ménageraient les terrains vierges de la Russie, de l'Amérique, de l'Inde, etc., etc

Comme nous ne rêvons pas l'émancipation du prolétariat français seulement, mais bien au contraire celle de l'espèce humaine toute entière, on nous permettra bien de ne négliger aucune des ressources terrestres.

Que nos contradicteurs méditent ces chiffres :

EN FRANCE :

En 1760,	le rendement s'élevait à	7	hectolitres	par	hectare	de terre.
1788	id.	id. 8	id.		id.	id.
1844	id.	était de 13	id.		id.	id.

On le voit, de 1760 à 1788, où tout était néant, le rendement augmente de environ 14 0/0, tandis qu'après la révolution de 89 on sent le soufle du progrès dans les proportions suivantes du rendement qui augmente alors de près de 70 0/0. — Ces chiffres ont certes une éloquence incontestable.

En 1700	la France comptait	19	millions	669	milles habitants.
1760	elle en compte	25	id.	065	id.
1820		30	id.	451	id.
1862		37	id.	382	id.

Ces deux tableaux sont certes de nature à rassurer les auteurs de l'objection? Ils doivent trouver là un enseignement, ils peuvent se rendre compte de la légèrete de leur appréciation, et voir que pendant le temps que la population s'accroissait d'environ 100 0[0 le rendement de la terre suivait la même progression.

Nous avions ces chiffres sous la main, nous n'avons pas cru devoir nous procurer ceux d'aujourd'hui, trouvant dans les premiers une ample satisfaction ; nous regrettons de ne pas être allés demander aux statistiques officielles quel est le rendement actuel, il aurait été curieux à consigner et aurait certainement jeté la confusion chez nos adversaires qui n'en sont pas moins démontés par nos chiffres, et qui devront reconnaître avec nous que l'homme s'il obéissait aux lois de la nature n'aurait jamais aucun souci, ces lois étant inflexibles dans leur équilibre.

Pour compléter l'instruction du lecteur, nous croyons utile de publier le renseignement suivant dont nous ferons tout-à-l'heure ressortir toute l'importance.

En 1700	la production	s'élevait à	92	millions	855	hectolitres de céréales.
1760	id.	id.	98	id.	500	id.
1788	id.	id.	115	id.	816	id.
1813	id.	id.	132	id.	435	id.
1840	id.	id.	182	id.	516	id.

Jules Radu dans son ouvrage *Les nouvelles Méthodes* publié en 1875, constate que la récolte annuelle des céréales s'élève à 200 millions de quintaux sur lesquelles 100 millions seulement sont consommés, c'est donc 40 millions de quintaux de disponibles. Il y a certes là de quoi nourrir quelques millions d'individus, croyons-nous.

Veut-on suivre attentivement cette progression, et l'on verra que, en 84 années la production a subi comme nous l'avons dit, une augmentation de 100 0[0, progression égale à celle de la population, égale à celle du rendement ; on dirait que ces chiffres ont été forgés à plaisir pour établir un équilibre voulu.

Il n'en est rien, Moreau de Jonès, qui n'était pas le moins du monde anarchiste, nous a fourni ces renseignements.

Nous avons entendu dire que l'augmentation de production venait d'une plus grande quantité de terre cultivée ; cette objection ne peut avoir aucune valeur puisque les chiffres de rendement indiquent sa nature et justifient sa source. Il faut donc faire son deuil de cet argument.

Il résulte des chiffres précédents que :

En 1700	la production donnait	474 litres	de céréales	par habitant.
1760	—	450	id.	id.
1788	—	484	id.	id.
1813	—	441	id.	id.
1840	—	511	id.	id.

Soit une moyenne de 472 litres par tête qui auraient pu être mis à la disposition de la population.

D'après les chiffres de la meunerie et de la boulangerie, ces 472 litres de céréales représentent environ 400 livres de pain; Est-ce que dans ces chiffres on ne voit pas le moyen de donner le pain nécessaire à la vie de chacun?

Nous posons cette simple question aux économistes, aux chercheurs de la solution de la question sociale.

Chacun des membres de la famille sociale a-t-il eu ces ressources à sa disposition? Evidemment non? Si cela avait été, est-ce que l'on compterait autant de meurt-de-faim ?

Non, il n'en a pas été ainsi, car quelques privilégiés se sont arrogés la plus grosse part, ne laissant à la grande masse qu'une quantité insuffisante.

Pourtant ces céréales sont un produit de la nature ; comment a-t-il pu se faire que quelques-uns les aient accaparées? Nous l'expliquons dans le chapitre précédent.

Nous voulons bien admettre que la main de l'homme prépare la bonne arrivée des grains ; mais est-ce bien à ces mains qui bêchent ou labourent la terre que le profit retourne? Non, il va, ce profit, a celui qui se dit le propriétaire du sol, au capital qui ne craint pas, lui, de voir mourir de besoins les collaborateurs de cette féconde nature.

Donc ici, pas d'échappatoires pour les défenseurs de la propriété : la terre d'un côté, le labeur d'un autre, voilà les auteurs de la production, et pourtant ce sont ces producteurs qui sont privés de ses bienfaits, car à la terre comme à l'homme le lucre mesure, la nourriture; de là l'épuisement de l'un et de l'autre. Donnons à l'un et à l'autre ce qui leur est nécessaire, et la production n'aura pas de bornes.

Encore un renseignement à nos contradicteurs :

En 1869 on comptait en France 20 millions d'hectares de terres cultivables sur les quelles :

Les céréales occupaient	11	millions	200	mille	hectares.
Les pommes de terre	0	id.	950		id.
La vigne	2	id.	»		id.
Les prairies	4	id.	200		id.
Soit au total (terre cultivée)	18	millions	350	mille	id.
Il restait donc encore	1	id.	650	mille	hectares disponibles.

Ce qui nous donne déjà, d'après les rendements connus en 1869, de quoi alimenter un surcroit de population de 4 millions 440 mille habitants ; c'est encore une ressource appréciable, croyons-nous.

On voit, d'après ces chiffres officiels, que l'on peut sans danger s'engager dans la voie de l'avenir.

Si dans huit ou dix siècles l'accroissement de population nous faisait l'alternative dont nos trop prévoyants contradicteurs se plaisent à nous menacer, nous croyons qu'il serait temps d'aviser.

On nous a dit : les masses besogneuses sont nombreuse et rien ne se perd, ce qui voulait nous dire : si elles augmentaient il n'y aurait pas assez de produits.

Comme on reconnait bien là l'esprit aux abois. Mais alors quand le travail est en pleine activité, que le travailleur a plus de ressources à sa disposition et qu'il augmente sa somme de consommation, où donc prend-on les produits s'ils suffissent à peine dans le temps de chômage ? nous ne sachions pas que la France ait eu à souffrir de la dissette depuis la mort de Louis XVI. On nous répondra, que sans le secours de l'Amérique... cette objection prouve que les humains ne doivent pas connaître de frontières qu'ils doivent au contraire compter avec les ressources de toute la terre.

Plus il y a de producteurs plus il y a de production, cette vérité de Monsieur de la Palisse, sur laquelle nous nous appuyons, est pourtant ce que tenteraient de contredire nos adversaires ; on conviendra qu'il y a quelque témérité a entreprendre cette tâche.

Puisque cette raison, garantit la production industrielle, puisque nos chiffres, quelques incomplets qu'ils soient, ne laissent aucune inquiétude sur la production terrestre, il ne nous reste plus qu'a présenter une dernière observation :

Chacun des êtres animés qui se meut dans l'espace, a un rôle parfaitement déterminé par la nature ; si ce rôle est déterminé, il est bien évident que tout doit concourir à l'accomplissement de ce rôle, à l'exécution de cet ordre, et les multiples éléments dont est composée cette nature doivent avoir été conçus sous les lois les plus strictes de l'équilibre.

L'astronomie qui a fouillé l'espace constate ces déductions dictées par la logique.

Donc plus de craintes, et les enfants dans une organisation Communiste-Anarchiste pourront naître avec la certitude d'une vie meilleure que celle qui leur est offerte par la Société actuelle.

Nous ne comprenons pas que des hommes sérieux, ou qui prétendent à cette réputation, aient la naïveté de vouloir juger la situation de la Société que nous rêvons, à travers le voile épais que l'organisation sociale actuelle place devant leurs yeux; ils oublient, ces savants, que quand on admet un progrès quel qu'il soit, à peine de grossières erreurs, il faut supposer qu'il s'est développé dans les mêmes proportions sur tous les éléments sociaux.

Avant de terminer cette réponse, nous voulons bien encore dire à nos contradicteurs que leur argumentation se détruit par la raison que cette augmentation de population ne sera pas aussi considérable qu'ils se plaissent à le faire ressortir, en raison encore de certaines causes naturelles.

Chacun sait que les lois les plus élémentaires de la nature veulent que, chez l'être, les sens aient leurs facultés équilibrées, et que quand l'un d'eux est privé de satisfactions, les autres semblent se partager les facultés absentes chez lui. L'instruction donnée aux sourds-muets et aux aveugles pourrait confirmer cette vérité ; d'autre part, est-ce que l'on n'a pas remarqué depuis longtemps que la famille du pauvre est bien plus nombreuse que celle du riche; à quoi donc attribuer cette différence de procréation, si on ne veut pas dans ce phénomène voir la manifestation de la loi que nous venons de citer?

On ne nous dira pas que les riches sont retenus dans leurs besoins de procréation par la menace des charges de la famille, car si c'était là une raison, nous constaterions surement le contraire de ce qui existe? Non, la seule raison de cette différence, nous l'avons donné et elle s'explique.

Les riches ont à leur disposition toutes les jouissances imaginables; leurs sens étant toujours en éveil dans les fêtes, les plaisirs, dont ils sont blasés même, on comprend aisément alors que le sens amoureux chez eux ne joue plus qu'un rôle effacé, même au milieu de leurs incessantes voluptés, et que cette situation soit cause de leur infériorité procréative, tandis qu'au contraire, dans le ménage du pauvre, quand le travailleur, après une journée de pénible labeur, rentre au logis, ou les larmes sont plus abondantes que le pain, alors que le cœur aigri par son état de misère, il demande pardon à sa femme de lui faire une si triste vie, alors que celle-ci de son côté pleure dans les bras de son mari de ne pas pouvoir lui prêter un plus utile concours dans cette lutte pour l'existence, alors que dans de mutuels embrassements on se pardonne, on s'encourage à la lutte, est-il étonnant que le seul sens qui, chez eux, puisse recevoir satisfaction, la reçoive démesurément sans même qu'il vienne à la pensée de l'un, ou de l'autre que les résultats de ces épanchements peuvent venir augmenter leur misère ?

Et comment veut-on que cela vienne à leur pensée ? est-ce que la nature commande à l'être de mesurer ses satisfaction ?

Est-ce que cette restriction ne serait pas en complet désaccord avec la nature ? est-ce qu'il n'y a pas là un antagonisme flagrant entre deux situations ?

Qui pourrait nier ces deux affirmations ?

Tandis que si l'on veut un moment se transporter par la pensée dans la Société de l'avenir, on y verra que des êtres, ignorant les privations et la misère, se donnant toutes les satisfactions que la nature ordonne ; les sens satisfaits n'obéiront plus à de coupables excitations, la procréation alors suivra son cours normal parce qu'elle n'aura plus d'autre moteur que les besoins du cœur.

Il était donné à la propriété individuelle, cette institution maudite, de transformer si honteusement une des lois les plus puissantes de la nature.

Nous avons, croyons nous, suffisamment répondu à ces argument hazardés par des trembleurs; passons maintenant à l'examen des lois sociales et examinons si ceux qui prétendent que l'organisation actuelle doit disparaître ont quelques raisons d'émettre cette prétention ?

Puisque nous avons été amenés tout-à-l'heure sur le terrain de la famille, restons-y donc, afin d'analyser les lois qui la constituent, qui la régissent : nous verrons si ces lois sont d'accord avec notre pierre de touche.

La famille ! Quel peut bien être le motif qui a déterminé cette institution ?

On comprend aisément que la mère qui vient de donner le jour à un enfant, le nourisse, conserve le vif désir de l'entourer elle-même de soins et de sollicitude ; on comprend aussi qu'elle envie le bonheur que l'on trouve à cette œuvre : mais encore faut-il que cette femme puisse trouver en elle ou autour d'elle tous les éléments nécessaires à l'existence de ce petit être ; or, comme cette possibilité n'existe que dans des conditions relatives, nous nous demandons pourquoi on a limité le champ où elle peut puiser ces éléments aux ressources que les deux procréateurs peuvent avoir à leur disposition ? et si ces ressources sont insuffisantes, faut-il que ce nouveau-né en souffre ? faut-il donc en venant au monde qu'il subisse les conséquences fatales de sa naissance ?

Non ! non ! ! la justice proteste contre cette alternative ; ce nouveau venu est un produit naturel et partant il a droit à la réciprocité de tous les autres produits.

Nous ajouterons même que dans le cas ou la mère, par sa conformation, ne pourrait pas lui donner tout ce que la nature lui permet de réclamer d'elle, celle-ci n'a pas le droit de le retenir, de le priver des soins et des aliments qu'elle ne peut lui fournir. Elle fut le moule qui procréa, c'est vrai, mais si elle ne peut être les mains qui l'élèveront, la pensée qui l'éduquera, c'est regrettable sans doute, mais ce n'est que cela : car dans une société bien organisée il ne peut pas être permis qu'un être, qui naît dans des conditions normales, s'étiole, périclyte, dépérisse parce qu'il a été engendré par des individus incapables de le développer, de compléter leur œuvre.

Nous dira-t-on que nous attentons aux droits maternels, nous répondrons que nous défendons ceux de l'enfant : où commencent les uns et où finissent les autres? qui le sait?

La famille avec son organisation actuelle est l'institution la plus arbitraire qu'aie pu rêver celui qui a conçu l'autorité: l'enfant aujourd'hui est la chose de ses parents, il est ce qu'ils veulent qu'ils soit ; dès ses premiers jours on lui donne une religion, plus tard on lui donne une épouse, un état; il embrasse la vocation que l'on lui assigne, il épouse la femme que l'on lui destine; on fait souvent un peintre d'un homme qui pourrait à peine être un maçon et d'un autre côté une foule d'intelligences supérieures s'étiolent à des métiers abrutissants, l'enfant n'est consulté sur aucun point, l'intérêt de la famille veut qu'il soit Juif, il est Juif ; ce même intérêt pousse celui-là dans les arts, va pour un artiste, etc, etc.

Voit-on d'ici combien cette organisation gache de richesses, combien elle enfante de vices? car qui ne réussit pas dans la voie qui lui est tracée est obligé d'intriguer ailleurs pour parer aux exigences de la vie.

L'enfant qui en naissant est jeté dans un milieu plein d'exemples pernicieux, grandit se développe dans ce milieu; son esprit se sature des vices qui l'entourent, et dès la plus tendre enfance il se gangrène dans cette atmosphère empoisonnée; son caractère dévie, se transforme sous les effets de la mauvaise humeur, de la colère, des emportements de ses père et mère parce qu'il peut être, ici, la cause involontaire d'un accroissement de misére, là, un obstacle à des plaisirs malsains : de façon que cet être, ce produit de la nature est le jouet, la victime du milieu où il est né.

Nest-ce pas là une violation flagrante de cette loi suprême la procréation ? et après cet exposé osera-t-on soutenir que la famille constituée comme elle est n'est pas une insulte directe à la nature ? une contradiction flagrante de ses lois et condamnable à tous égards. Le point de départ de sa constitution même renferme des agissements immoraux.

Quoi deux êtres croient posséder en eux toutes les qualités nécessaires à une vie en commun, au lieu d'abriter leur essai, de l'entourer du mystère que réclament les épanchements, la sociéte exige que ces deux êtres aillent préalablement faire une déclaration publique devant un magistrat.

Est-ce que l'on ne relève pas déja dans cette indiscrète exigence, un outrage à la morale ? obliger une jeune fille à un semblable aveu, c'est violer le secret de son cœur ! Puis une fois mariés, ces deux êtres sont liés d'une façon indissoluble : ils peuvent avoir les caractères les plus opposés, les plus antipathiques, les goût les plus divers, les penchants les plus contraires, le lien n'en existe pas moins ; aussi est ce entr'eux une guerre continuelle.

Nous le demandons à tous ceux qui pensent et réfléchissent : n'y-a-t-il pas là encore une énormité et les résultats relevés chaque jour dans l'histoire de l'humanité, ne disent-ils pas plus haut que nous que cette union est absolument anti-naturelle conséquemment condamnable ?

Cette institution a encore engendré d'autre résultats bien plus funestes, car elle à entrainé les hommes à la cupidité, elle en a fait des êtres vils et rapaces, elle a porté les êtres à thésauriser au bénéfice de leurs descendants, comme si ces descendants pouvaient légitimement être dispensés de travailler eux-mêmes à la constitution de leur bien-être : bref la famille fut la mère de la propriété, aussi pouvons-nous dire que les mœurs de l'une se calquent sur celle de l'autre.

Est-il admissible que de deux êtres qui naissent, l'un puisse compter sur tous le bien-être imaginable quand l'autre n'a pour horizon que la misère?

Quelle différence y-a-t-il donc entre ces deux nouveaux nés? Que peuvent-ils revendiquer comme leur œuvre personnelle dans cette vie ou ils entrent? Rien, évidemment! Donc donner à l'un et refuser à l'autre, est une monstruosité.

L'on objectera que ce qui est donné à l'un est le fruit du travail et de l'épargne de ses parents et que celui qui est favorisé n'est pas cause si l'autre nait dans des conditions défavorables, qu'il serait donc souverainement injuste de le priver de ce qui a été si péniblement amassé en prévision de sa venue.

Cette objection, qui tout d'abord parait fort logique, est, on ne peut plus creuse, plus fausse car, l'être humain ne pouvant rien revendiquer justement comme sa propriété disposer de la moindre des choses, elle constitue une usurpation condamnable.

Dans notre premier chapitre nous avons exprimé notre sentiment sur ce que l'on appelle la *Propriété* individuelle nous ne nous repéteront donc pas ici, mais dans le coup d'œil que nous allons accorder à cette question, nous constaterons seulement en passant que nul être ne pouvant justement avoir la prétention d'avoir créé quoi que ce soit de toutes pièces sans que la nature y ait participé dans une très large part, nul ne peut donc prétendre, posséder en propre quoi que ce soit, parce que, ce que la nature crée appartient à tous, malgré que de hardis spoliateurs aient pu mettre la main sur ses produits.

Contre l'organisation actuelle de la famille, la nature se dresse menaçante, elle rappelle les hommes au respect de ses lois, mais contre la propriété elle s'insurge et désigne les spoliateurs à la malédiction et au mépris universels. Ah! quels tristes tableaux nous aurions à crayonner, si nous voulions anatyser les vices qui découlent de la propriété individuelle mais c'est hors de notre cadre.

Nous venons de le dire: la famille enfanta la propriété, car du moment ou l'homme a pu dire *ma femme*, il crut logique de dire *ma maison*. L'idée de possession grandissait avec le développement de la famille, quand l'homme eût trouvé le moyen de faire face aux exigences de celle-ci, il rêva de richesses, ce désir fut contagieux, si bien que ceux qui chargés d'une nombreuse famille épuisaient leurs ressources dans cette charge, pouvaient voir à côté d'eux s'élever des fortunes chez ceux dont les charges étaient moins lourdes: de là, antagonisme entre ces deux situations; antagonisme qui, si l'on veut suivre la progression à travers les siècles écoulés, nous permettra de mesurer la profondeur des haines existantes aujourd'hui entre les possesseurs et les dépossédés.

L'origine de la propriété est certainement marquée au cours de la plus révoltante illégitimité. L'homme à sa naissance ne pouvant rien avoir en propre, a donc été obligé de s'emparer des premières épaves de sa fortune, puis se contentant de consommer la moitié ou une fraction quelconque de ce qu'il avait pris, il a dû prêter le surplus a moins fort, a moins adroit, moins courageux, moins intelligent, plus besogneux que lui, à des conditions de redevances quelconques: l'intérêt du prêt naissait avec cette idée si bien que pendant que l'un qui avait les moyens de se procurer plus pouvait, au moyen de son prêt intéressé, augmenter sa possession; l'autre, qui ne pouvait déjà pas se procurer le nécessaire et qui devait avoir recours à l'emprunt pour satisfaire ses besoins, se trouvait après cet emprunt dans la terrible alternative d'un appauvrissement qui allait se multipliant par les engagements qu'il contractait, ou bien d'une vie de privations éternelle, s'il voulait faire faces à ses engagements envers le prêteur et combattre son appauvrissement?

Nous dira-t-on que la nature tolère cet état de choses, et pourra-t-on nier que le lucre seul ait été l'inspirateur des lois d'intérêts?

Cela est tellement vrai que la Société elle-même eut honte du développement qu'avait pris ce lucre et qu'elle fit les lois sur l'usure.

Est-il donc plus légitime de prêter à 5 0/0 qu'à 20 0/0?

Non! si vraiment la fortune est légitime, son détenteur doit être libre de poser les conditions auxquelles il s'en désaisira et nul ne peut l'obliger à en avoir d'autres.

La loi sur l'usure est le plus complet aveu de l'illégitimité de la propriété individuelle, nul ne peut le nier.

Les écrivains socialistes ont, à tour de rôle, démontré et bien mieux que nous ne le faisons ici, cette illégitimité, ils ont indiqué sa source, et certes nous pouvons défier ses défenseurs de nous montrer cette propriété sous un seul aspect de légitimité.

La famille et la propriété, ces deux facteurs de l'organisation sociale actuelle en appelaient fatalement un troisième, le gouvernement, l'autorité, l'état. Il est bien évident que sans lui la famille et la propriété n'eussent pas eu une bien longue existence.

Dans la famille le père est le chef, le maître, il décide de tout et sur tout: ses décisions quelles qu'elles soient, justes ou injustes, sont une loi inflexible. On comprend sans peine que tous ces maîtres au petit pied exerçant une autorité tyrannique aient senti le besoin de consacrer leur omnipotence en constituant une autorité calquée sur la leur, qui la consacre, et la défende, qui donne force de loi à leurs actes, qui garentissent la jouissance de leurs privilèges et puisse garder les coffres-forts qu'ils brûlaient de remplir.

A cette autorité il a fallu une force armée comme sanction et cette force armée avec tous les éléments qui en dérivent, devenant une lourde charge, on imagina de faire payer a ceux même qu'elle devait contenir, les frais qu'elle occasionnait.

L'impôt fut créé.

Ce gouvernement, selon les déclarations superficielles, devait être chargé de sauvegarder les intérêts de tous; mais nous n'aurons pas besoin d'une bien longue investigation dans ce domaine pour prouver que rien n'est plus mensonger; car au contraire, selon les conditions tacites, il ne sauvegarde que les intérêts de ceux qui l'ont constitué.

Et il ne peut en être autrement, cela se comprend :

Les intérêts des uns étant diamètralement opposés aux interêts des autres, les uns durent donc periclyter quand les autres progressaient. Les interets en souffrance se comptant par millions quand les satisfaits ne sont qu'une infime minorité, il fallait bien créer un rempart entre ces deux antagonismes, entre ces deux ennemis : ce rempart, ce fut le gouvernement qui selon nous, etant chargé d'imposer aux uns les lois faites par et pour les autres, fut un outrage aux lois naturelles qui veulent que l'homme se meuve en toute liberté dans le milieu auquel il appartient.

Les lois naturelles ont certaines exigences auxquelles on ne peut se soustraire que momentanément. Les peuples comme les individus y sont soumis et tôt ou tard ils y sont l'un et l'autre brusquement rappelés.

Que deviennent ces millions de travailleurs casernés dans les bagnes capitalistes, privés d'air pur et de liberté?

Ils s'étiolent, meurent de consomption bien avant l'âge; pourquoi? Parcequ'ils ont été forcés par le capital de méconnaître les exigences dont nous parlions tout-à-l'heure, qui réclament une alimentation définie a l'avance, la nature les frappe au nom de son besoin d'équilibre.

Nous avons successivement à grands traits crayonné les résultats de la constitution des trois principaux facteurs du grand problème social : nous n'avons fait que faire ressortir le caractère de ces institutions, et les résultats qui en découlent sont tels que nul n'oserait les défendre.

Nul n'oserait dire que les travailleurs sont dans un état satisfaisant, pourtant personne n'a pour eux autre chose que la pitié.

Nul n'oserait soutenir que les lois qui régissent la famille ne demandent pas de modification : mais toucher à la famille, c'est toucher à la clef de voute de l'état de choses, et l'on y regardera deux fois.

Nul n'oserait nier le besoin de liberté, mais nous ne sommes pas murs, prétend-on, pour jouir de ce bienfait.

Bref, l'état de chose actuel accuse lui-même son insuffisance ; néanmoins, comme certains intérêts puissants exigent le *statu quo*, l'on nous y condamne.

L'antagonisme est visible ; palpable comme on ne peut le faire cesser, on aime mieux réprimer que concilier.

Il y a antagonisme entre les intérêts des Gouvernants et ceux de Gouvernés : cette situation s'explique puisque les gouvernants, représentent et défendent les privilèges dont jouissent les uns et souffrent les autres ; ces deux intérêts opposés sont naturellement ennemis, et celui qui prend parti pour l'un, quel qu'il soit, devient fatalement l'ennemi de l'autre : cela est naturel, — une institution qui arme les hommes les uns contre les autres n'est-elle pas condamnable ? Evidemment oui ! Quand tout dans la nature crie harmonie, elle ferait impunément entendre des cris de guerre ! Cela n'est pas admissible.

On nous objectera sans doute qu'il faut bien un Gouvernement pour régir une Société, car sans lui tout serait chaos.

Nous avons déjà dit et nous répètons, que nous allons prouver l'inutilité de cet agent social : nous venons de démontrer combien il enfantait de malheurs, — si nous prouvons son inutilité, quel cause invoquera-t-on pour sa conservation ; quel argument pourra-t-on présenter en sa faveur après ceux que nous avons fourni contre lui ?

Il y a antagonisme entre l'employeur et l'employé, entre l'ouvrier et le patron, entre le maître et le serviteur, entre le capital et le travail, entre le producteur et le consommateur, devant cet antagonisme général on semble craindre le chaos dans la nouvelle société. Quel chaos pourrait égaler celui-là ?

Il y a encore antagonisme dans les lettres, dans les sciences, dans les arts : partout en un mot ou on retrouve l'idée d'autorité, de supériorité, le besoin de posession, l'ambition de fortune, on est sûr de rencontrer l'antagonisme qui transforme les êtres, qui les corrompt, qui sans respect pour quoi que ce soit les jette les uns sur les autres dans une mêlée criminelle.

Les choses les plus belles, les plus grandes, sont jetées en pâture au mercantilisme. L'esprit s'est asservi la pensée même s'est éteinte devant la puissance du capital, source de cet antagonisme, et l'on ose nous demander le respect pour une chose aussi condamnable ? C'est à douter de l'humanité. Nous reconnaissons bien là, dans cette réclamation, la voix de l'intérêt individuel.

C'est cette voix qui pousse l'employeur, qui vit dans le bien-être et l'abondance à rogner le plus qu'il peut la part de l'employé. Est-ce que les lois actuelles songent à modérer ces rapines causées par la soif d'argent ? Elles seraient impuissantes à cette tâche ? Elles seraient de nul effet : cette lacune est le merle blanc que le capitaliste Perreire veut payer cent mille francs à qui le lui livrera.

C'est cette voix qui commande aux patrons d'enfermer des milliers d'ouvriers, femmes et enfants, dans des ateliers malsains, manquant d'air pendant des journées entières de 12 ou 14 heures, pour en sortant ne leur donner pour toute rétribution que quelques sous toujours insuffisants pour leur procurer le nécessaire.

C'est encore elle qui chaque année condamne une certaine quantité de victimes qui trouvent la mort au fond des puits houillers, dans de sordides galeries en exécutant un travail pénible ou le capital ramasse des millions et ou le travail glane avec peine la misére.

C'est encore elle qui prend la jeune fille par l'estomac, et la pousse à la prostitution en lui refusant un travail rénumérateur.

C'est toujours elle qui arme la main du criminelle qui, le soir, attend sa victime pour la dépouiller.

C'est elle qui commande à cette fille qu'on a subornée d'étouffer son enfant à sa naissance, parce qu'il serait un témoin de ce qu'il plait à la société d'appeler son déshonneur, et que, abandonnée à ses propres ressources, elle ne pourrait le nourrir.

C'est elle qui peuple la Société d'êtres vils, méprisables, parce que si satisfaction était donné à tous les besoins, certains enfants ne recevraient plus la criminelle éducation qui leur échoit en se développant dans des cloaques de vices, de crimes, de boue et de sang.

C'est elle qui commande à tous les marchands de denrées alimentaires de falsifier les éléments de notre nourriture, de notre boisson, pour récupérer de plus grands bénéfices ; c'est à eux qu'elle commande de nous empoisonner sans que nul de ce que l'on appelle le gouvernement en ait souci.

Est-ce que tous ces chefs d'accusation n'existent pas ?

Est-ce qu'ils ne se dressent pas menaçants devant l'état de choses où tant de hontes peuvent s'amasser ? Est-ce que l'on peut nous accuser d'avoir noirci le tableau ? Non ! Non ! Cent fois non: plus nous allons plus il devient horrible, plus cette voix de l'intérêt individuel est exigente plus elle pousse les hommes aux exactions honteuses.

Les faits se présentent innombrables sous notre plume, pour prouver que nous ne retraçons que la vérité.

Est-ce que tout le monde ne sait pas que le héros de Sedan a conduit au Charnier des centaines de mille hommes.

dans ses guerres, surtout dans celle de Prusse sans compter les milliards et les provinces perdues : — les milliards nous trouvent indifférents, pour les provinces nous disons que les Alsaciens-Lorrains n'ont jamais cessé de faire partie de l'humanité. Mais les victimes? Qui niera qu'elles aient été sacrifiées à l'intérêt individuel de ce Sacripan ?

S'il n'y avait pas eu d'autorité ? de maîtres ? Est-ce que cela aurait pu avoir lieu ?

Nos adversaires ont beau nous dire qu'en République les gouvernements n'ont pas le droit de faire la guerre contre la volonté du peuple, — c'est là une déclaration illusoire : ils la font et la feront quand cela leur fera plaisir, quand ils en auront besoin, sans nul souci de ceux qui se croient les souverains.

On n'est réellement souverain que quand on n'a nulle autorité au dessus de soi.

Notre cadre ne nous permet pas de nous étendre en citations. Des volumes seraient nécessaires pour grouper les preuves de la culpabilité de l'intérêt individuel, et pour prononcer la condamnation de son résultat, la propriété.

Nous nous trompons quand nous accusons l'intérêt individuel : nous aurions dû ajouter dans l'organisation sociale actuelle.

Au contraire, l'intérêt individuel était le plus puissant mobile inhérent à l'individu, à tout être animé, il n'y a qu'à le placer dans un milieu, ou il soit fait de l'intérét général, et les résultats seront immédiatement, diamétralement opposés, c'est-à-dire qu'au lieu de créer l'antagonisme, il sera le moteur de la plus complête harmonie.

Toutes les sociétés quelles qu'elles soient, quelles qu'elles puissent être, ont toujours été et seront toujours forcément assises sur les rapports des intérêts qui les composent.

Quelle que soit l'organisation que l'on rêve, on ne peut

la dispenser de ce lien formidable : c'est selon nous le mobile dominant de l'individu, nous le repètons : alors comme c'est une certaine somme d'êtres qui constitue la société, il est évident que l'intérêt général ou mieux l'intérêt de la société, sera ce que le feront les intérêts individuels.

Toute la différence entre l'organisation actuelle et le communisme anarchiste est là.

Ici l'intérêt individuel sépare l'individu de l'intérêt général dans la société de l'avenir, il l'y reliera.

Dans notre premier chapitre, nous avons dit deux mots à la hâte sur ce qu'avaient dû être les premiers groupes d'êtres humains, sur les motifs qui avaient dû déterminer le groupement, — nous pouvons ajouter que certainement ces êtres en se groupant ne faisaient qu'obéir à leur intérêt individuel, qu'ils croyaient mieux se sauvegarder sous la protection d'un chef: ceci était le produit d'une erreur que leur développement intellectuel ne leur permit pas d'apercevoir ; ils se livrèrent à ces mains autoritaires, eux et les générations suivantes, sans pressentir que l'organisation qu'ils ébauchaient créerait à bref délai l'antagonisme entre ces chefs d'abord, puis entr'eux ensuite, sans voir les progrès croissants de cet antagonisme, devant lequel ils reculeraient effrayés s'il leur était donné aujourd'hui d'en constater les effets.

A cette époque d'ignorance, ces hommes ont pu céder aux conseils, aux obcessions, aux ruses de leurs dominateurs, voyant là un élément de conservation de leurs intérêts : ils se sont trompés, c'est possible, mais nous qui sommes instruits par les leçons de l'expérience, nous serions bien coupables de ne pas tenir compte des faits du passé, de ne pas repousser énergiquement toutes espèces d'organisation qu'un chef, un pouvoir, une autorité quelconque voudrait constituer.

Pour suivre utilement le développement de cet antagonisme qui nous conduit à des révolutions périodiques, nous n'avons qu'à remonter à l'époque où la finance s'empara de la situation économique: voyons la meute acharnée se jeter âpre à la curée dans l'agio, le négoce; examinons là, brasser les affaires commerciales, industrielles, financières ; voyons naître et grandir les premiers monopoles avec l'établissement des premiers chemins de fer; assistons aux efforts gigantesques des capitaux monopolisant les centres de production et de consommation à leur profit.

Constatons les ravages de la concurrence; comptons les faillites de ceux qui succombaient dans la lutte ; enregistrons les grèves dans lesquelles les travailleurs ont toujours été terrassés après de pénibles et inutiles efforts, après de mortels sacrifices: — puis comme apothéose, jetons un regard indigné sur ces fortunes scandaleuses faites toute entière des larmes et des misères amoncelées par elles, et que l'on nous dise si dans l'espace de temps que vient de parcourir ce rapide coup d'œil, cet antagonisme n'est pas devenu de plus en plus grand, de plus en plus criant et dangereux ?

Que l'on nous dise s'il n'a pas creusé un fossé insondable entre le prolétariat et la bourgeoisie, et s'il n'a pas forcé les exploités à songer à échapper à cette terrible situation en préparant leur affranchissement.

Aux premières heures de cette pensée du prolétariat, la classe dirigeante comprit le danger et mit tout en œuvre pour placer la lumière sous le boisseau : le plus puissant, le plus dangereux auxiliaire qu'elle mit en jeu ce fut l'antagonisme adroitement semé dans les rangs prolétariens, au moyen de cet agent on sema la division entre les travailleurs.

La concurrence des bras amenée par le machinisme acheva l'œuvre ; la pertubation commerciale causa la rareté du travail et le chômage livra les travailleurs pieds et poings liés au capital et les livra désarmés pour la résistance, désarmés par l'antagonisme qu'on avait su faire naître entr'eux.

Le capital triomphait, car au lieu d'avoir devant lui une masse compacte obéissant à un intérêt commun, il n'avait plus qu'un troupeau d'êtres malheureux soumis à leur intérêt personnel fourvoyés dans une voie où ils devaient être victimes de leur erreur.

Tous ces tableaux qui s'amoncellent, se multiplient sous nos yeux en nous montrant encore et toujours la plus hideuse misère d'un côté et le luxe insolent de l'autre, en soulevant le voile qui cache des cadavres par ici, de la dépraviation par là, tout cela est l'œuvre exclusive de la propriété individuelle : c'est vers elle que convergent tous ces motits d'accusation, c'est elle que condamnent tous ces témoins incontestables.

Le capital est tout puissant, lui seul est souverain et souverain absolu, chacun est à sa merci puisque pour le posséder nous voyons tous les hommes sans *exception*, nous appuyons sur ce mot *sans exception*, aller des plus audacieuse conceptions criminelles aux plus infâmes bassesses ; ceci n'est pas contestable, et bien puisque cet agent est assez puissant pour corrompre l'espèce humaine, il faut revenir à la raison et forcer les individus à se respecter en brisant devant eux ce monstre qu'une fause organisation oblige à courtiser, à adorer.

La liberté est le seul remède à tous ces maux, c'est la seule arme qui pourra frapper sûrement cet ennemi invulnérable aujourd'hui, et cette liberté ne peut être entière sans l'affranchissement économique complet du prolétariat.

Dans notre avant-propos, nous avons dit que pour obtenir cet afffranchissement, il ne restait aux travailleurs qu'un seul moyen, la Révolution.

Tous les désordres sociaux que ce chapitre a placé sous les yeux du lecteur disparaîtront complètement dans une organisation au milieu de laquelle chacun pourra produire selon ses forces et ses facultés, ses aptitudes, ses désirs, et consommer selon ses besoins quels qu'ils puissent être ; car dans ces conditions tout est harmonie ; l'antagonisme a disparu, que peut-on jalouser à un individu quand on peut se procurer l'objet qu'on envie ?

Là est le point de départ de l'harmonie : les intérêts de chacun étant groupés, constituent l'intérêt général.

Il s'en suit donc qu'ici l'intérêt individuel au lieu d'être un dissolvant comme aujourd'hui, devient un lien puissant entre tous les membres du corps social.

Nous ne nous étendrons pas davantage ici sur ce sujet, puisqu'il fait l'objet de notre dernier chapitre.

CHAPITRE III

Jeu de l'Organisme Communiste-Anarchiste

Nous voici arrivés au point culminant de notre ouvrage, au quart d'heure de Rabelais, à l'heure enfin d'obliger MM. les membre du jury, chargés de prononcer sur le prix Perreire, de s'exécuter ; c'est-à-dire de nous proclamer les Lauréats du concours, en leur mettant sous les yeux le fonctionnement de l'organisation communiste-anarchiste, organisation qui amènera certainement, sûrement, l'extinction du Paupérisme.

Dans nos deux chapitres précédents, nous avons fait la juste critique de l'état de choses actuel, nous avons, croyons nous, donné assez de raisons contre son existence, et celles que nous avons fourni sont, selon nous, suffisamment concluantes, puisque'lles nous montrent cet état de choses en contradiction formelle avec l'œuvre de la nature ; et que, par ailleurs, nul ne peut fournir un seul argument de quelque valeur pour défendre cet état de choses et déterminer les esprits au désir de sa conservation : nous allons quitter le champ de la critique pour entrer sur celui des demonstrations.

Pour amener le lecteur au fonctionnement de l'organisme communiste anarchiste, nous allons avoir besoin de nous placer sur un terrain contestable, peut-être, d'admettre une situation non acquise, c'est possible, mais comme ce terrain, cette situation, n'ont besoin pour être réels que de l'assentiment, de la volonté des interessés, qui se comptent par dizaine de millions, assentiment, volonté, qui ne peuvent faire défaut, les intérêts individuels commandant la situation, nous pouvons donc, d'ores et déjà, compter avec eux et nous installer sur ce terrain. — C'est ce que nous allons faire.

DE CHACUN SELON SES FORCES, SES FACULTÉS, A CHACUN SELON SES BESOINS.

Tel doit être le résultat de l'organisation que nous allons exposer.

Pour obtenir ce résultat, on le verra, nous n'aurons besoin d'aucune autorité, nous ne recourrerons à aucune contrainte, nous nous contenterons du résultat des volontés, car le jeu libre de l'individu dans des groupes libres nous suffira pour atteindre notre but.

Nous laisserons à d'autres le soin de présenter le développement des théories révolutionnaires, nous nous bornerons ici, afin de rester dans notre cadre, à supposer le fait accompli, à accepter l'ouvrage fait, la tâche achevée.

La Révolution est faite; c'est-à-dire que les révolutionnaires ont anéanti le pouvoir, l'autorité, ils ont tellement bouleversé l'état social actuel, que la propriété individuelle n'a plus laissé la moindre trace de son existence, tous les éléments qui la constituaient ont disparus, le terrain social a été tellement labouré, fouillé, retourné, que tout retour à elle serait impossible, il ne serait même au pouvoir de qui que ce soit de la reconstituer dans son ancienne assiette sans des désordres immaginables à cause de la disparition des titres et des limites.

En un mot la Société est dans un profond cahos, sans boussole gouvernementale, sans gouvernail, sans ordre, sans frein, dans la plus profonde anarchie enfin.

C'est le cas alors pour nos contradicteurs de s'écrier!

Qu'allons nous devenir?

Rassurez-vous, leur dirons-nous, vous allez assister à la réorganisation sociale, à la reconstitution du nouvel état de choses, à l'épanouissement du communisme anarchiste.

Il est bien entendu que tout le temps que durera la Révolution, temps que nul aujourd'hui ne saurait déterminer, la parole sera à la poudre, qu'elle seule sera souveraine, qu'elle seule décidera, car il n'y a rien de plus autoritaires que les heures révolutionnaires, mais une fois cette période passée, le capital anéanti, qu'adviendra-t-il? Plaçons-nous à ce moment, et agissons.

Croit-on qu'il soit impossible que sur l'initiative du premier travailleur venu, être sans mandat, à qui cette pensée viendra, ou bien sur celle d'un des communistes anarchistes restés debout après la lutte, si aucun autre des intéressés n'y pense, croit-on, disons-nous, qu'il soit impossible que les travailleurs soient convoqués en de nombreuses et multiples réunions, corporatives au point de vue de la production et de camaraderie, au point de vue de la consommation; que ces réunions aient lieu par quartier, par section, au gré des intéressés? ne peut-on pas admettre aussi bien, qu'une fois assemblés, ces travailleurs examineront, discuteront et délibéreront, d'un côté sur les meilleurs moyens de produire, de l'autre sur les facilités d'alimentation?

Est-ce que l'on est fondé à douter du résultat de leurs délibérations?

Est-ce que les réunions actuelles, les nombreux congrès ouvriers, qui se sont succédé depuis six ans n'ont pas donné la mesure de leurs moyens de discussion et des connaissances propres à prendre telle ou telle mesure qu'il conviendra?

Est-ce que ces questions leur sont tellement étrangères qu'elles puissent les surprendre?

Est-ce que, au contraire, elles n'ont pas déjà, ces questions, fait l'effet de l'étude et de délibérations de nombre d'entr'eux? Et bien, ceux à qui elles seront famillières les présenteront sous leur vrai jour à ceux qui les ignoreraient et chacun pourra en faire son profit; car ici il n'y aura pas à opter entre telle ou telle théorie, entre tel ou tel moyen d'application, entre tel ou tel système puisque chacun, après les avoir entendu développer tous, pourra employer celui qui lui paraîtra le plus propre à ses intérêts, qui lui semblera le meilleur.

On comprendra facilement que ce travail de réunion aura lieu sur toute la surface du pays affranchi, et qu'il sera certainement à l'abri des influences malsaines que l'argent peut jeter aujourd'hui sur les membres délibérants d'une réunion exclusivement prolétarienne.

Ces réunions n'auront pas non plus à redouter l'alternative de voir une majorité imposer à une minorité ce que celle ci repousserait, alternative qui est une source de division et de haine entre les hommes. Il n'y aura là que des hommes libres, que rien et nul ne pourra contraindre ou égarer, puisqu'ils seront, pour les motifs que nous avons indiqués, en dehors de toute influence de nécessité, de toute tentative de corruption.

Il est peut-être utile d'ouvrir ici une parenthèse pour expliquer cette dernière affirmation.

Il est sous entendu que pendant le mouvement révolutionnaire, les combattants auront eu grand soin de mettre la main, non à leur profit personnel, mais bien au contraire, au bénéfice de la collectivité, sur tout ce qui constitue aujourd'hui la propriété individuelle, à seule fin: 1° d'enlever des ressources à ses défenseurs; 2° d'assurer celles de l'organisation nouvelle.

Une fois détenteurs de ce qui constitue la richesse sociale actuelle, de tout ce qui est propre a l'alimentation, ils seront donc surs du lendemain; si ils ont en toute hâte détruit, anéanti tout ce qui peut devenir un agent corrupteur, ils auront sagement agi, parce qu'ils se seront affranchis de toute crainte de division; les ressources précieusement serrées en magasins les laisseront libres d'esprit pour se livrer aux exigeances de la situation, soit en donnant leur temps à l'organisation libre, soit en combattant ce qui pourrait rester de germes d'autorité.

D'autre part, tous les citoyens n'auront pas toujours le fusil à la main, la lutte armée ne pouvant être continuelle; quelle que soit sa durée, il y aura forcément des intermittences, pendant lesquelles la production pourra reprendre son cours, et si elle n'est pas complète, elle sera certainement toujours assez considérable pour parer aux exigences, car la terre, elle, ne sera pas en révolution et n'arrêtera pas le cours de la végétation pour faire pièce aux Révolutionnaires; par conséquent ces heures quelques sombres qu'elles semblent nous menaçer d'être, ne nous laissent cependant aucunes craintes des tortures de la faim.

Nous ne nous arrêterons pas a supputer les victimes de ces moments d'orage, car, malgré tout, il n'est pas bien certain que la constitution de cet état de choses coûte autant de victimes au prolétariat, que le fonctionnement régulier de l'ordre gouvernemental.

Chacun sait que dans tous les mouvements révolutionnaires, les combattants se procurent ce dont ils ont besoin sans aucun souci des lois existantes; or donc, il n'y aura pas de raison pour qu'il en soit autrement dans le prochain soulèvement; comme nous lui supposons une durée d'une certaine importance, il est bien évident que cela permettra à cette habitude de passer en partie dans les mœurs, si bien que ces mœurs forcées d'un moment remplaceront fort avantageusement tous moyens transitoires, et prépareront, utilement et dans une large mesure, les individus a recevoir l'application du communisme. — Ces hommes habitués pendant la lutte au devoir sans limite, aux satisfactions possibles sans freins, seront dégrossis pour le nouvel état de choses, de façon que, comme nous le disions tout-à-l'heure, cette période sera véritablement le meilleur moyen transitoire.

Les Révolutions passées ont été escamotées par l'influence du capital ; nous ne nous laisserons pas aller à retracer les erreurs et les pièges de ces mouvements héroïques ; il nous suffira de dire que, dorénavant, ce danger pourra être écarté, car l'élément initiateur du combat, ayant conscience de la situation, pourra, avant tout, placer chaque membre de la famille sociale en face de son intérêt individuel satisfait, et chacun sait que l'homme est intraitable dans cette situation. Il sera inexorable pour la conserver.

Si nous ajoutons à ces raisons puissantes le caractère que les communistes anarchistes se proposent de donner au mouvement révolutionnaire, il sera facile de se persuader que ce mouvement aura, de lui-même, une direction diamétralement opposée à celle des Révolutions passées.

Nous reconnaissons sans peine qu'aux premières heures de l'exercice de cette liberté illimitée, on assistera a un déréglement, à un débordement, à une dépravation de satisfaction. Qu'y aura-t-il d'étonnant à cela? c'est fatal, et il ne nous coûte guère d'en faire l'aveu :

On se trouvera en face de masses considérables, qui auront jusqu'alors vecu de misères et de privations, qui, tout-à-coup, se verront sans transition, pour ainsi dire, mises à même de satisfaire tous leurs besoins ; qu'y aura-t-il d'étonnant qu'elles les satisfassent avec excès ? nous ne voyons là rien que de très ordinaire, sans même y relever une seule cause d'alarme, car ces excès et ce dérèglement, quoi qu'ils soient pratiqués par des masses, auront toutefois des conséquences moins horribles, moins immorales, surtout moins funestes que celles que l'on constate aujourd'hui dans la classe privilégiée.

Il est vrai que, cette dépravation causera des dommages, des désordres moraux qui auront de funestes conséquences ;

nous le reconnaissons hautement, mais, qu'est-ce que cela a côté des résultats.que donne l'exercice de l'autorité? un grain de sable dans l'océan !

Pour appliquer un système transitoire quelconque, il faudrait l'imposer à tous, faire acte d'autorité, en un mot, avoir en mains un gouvernement, une force, rien de plus rien de moins, quoi qu'on en dise, et de quelque nom que l'on veuille décorer le moyen employé pour l'imposer ; du reste n'est-ce pas ce qui existe aujourd'hui et contre quoi se dressent les révolutionnaires?

Nous croyons, nous, que les résultats obtenus par ce moyen transitoire seraient cent fois pires que les inconvénients graves, il est vrai, que nous venons de signaler ; car on sait bien quand on se donne, quand on accepte un maître, une autorité; mais nul ne peut prévoir l'heure ou on en sera débarrassé ; tandis qu'au contraire tout ici peut faire prévoir que ces moments de dépravation et d'excès n'auront pas une longue existence, ne tarderont pas à disparaitre : on pourrait presque même en calculer la durée.

Quand ceux qui s'y livreront verront que leur situation n'aura rien a désirer, quand ils seront convaincus que les satisfactions de la veille pourront être remplacées par celles du lendemain, nul doute que le calme revienne, que l'équilibre se rétablisse.

Chez l'être qui manque sans cesse de satisfaction les excès n'ont pas d'autres mobiles que la crainte de la privation, si bien que quand d'aventure il est mis à même de donner satisfaction à ses besoins, il en use et en abuse ; qu'il lui soit prouvé qu'il aura désormais à sa disposition une vie de bien-être, et de suite l'on verra ces êtres prodigues tout-à-l'heure devenir sobres et raisonnables. Ceci s'explique naturellement.

Toute fois comme il n'y a pas de règle sans exception il faut admettre qu'il y a des natures insatiables, mais les exeptions sont toujours rares, par conséquent ne peuvent constituer un danger.

Il y aura excès, c'est convenu, entendu, accepté de notre part ; mais à quelques jours seulement des réunions de travailleurs dont nous avons parlé tout-à-l'heure, une certaine règlementation ressortant des délibérations et de la formation des groupes apparaîtra, et en mettant de l'ordre aux choses réglera déjà cette répartition et cela sans froisser en aucune façon la liberté de qui que ce soit. Prouvons :

Dans ces réunions innombrables de travailleurs une nécessité se présentera dès la première heure : s'organiser afin de mener à bonne fin l'œuvre d'émancipation, et la première pensé qui leur viendra ce sera sans doute de chercher à parer aux inconvénients des divergences naturelles existant entre les individus, divergences causées par les différences de caractère, de tempérament, d'idée, etc. A cet effet les hommes auront à se rechercher par affinité, par goût, par tempérament, afin de constituer de ci de là des groupes de production ou de consommation.

Ces groupes composés d'une quantité indéterminée d'individus pensant de même, ayant les mêmes idées pour la production, les mêmes goûts pour la consommation, représenteront bien un tout homogène, croyons-nous, et par conséquent n'auront besoin d'aucune autorité pour régler les rapports entre leurs membres, puisque leurs volontés seront une. Il est vrai que l'on a devant soi une certaine quantité d'individus, mais par le mode du groupement, il n'y a qu'une volonté, nul ne contestera ce premier point.

Ceci est le premier pas dans l'organisation, c'est la base solide sur laquelle tout va s'échafauder, se bâtir. Continuons : le groupe est constitué, et constituédans des conditions qui laissent l'être absolument libre dans ce milieu puisque c'est sa volonté groupée à d'autres volontés qui devient le contrat, le lien du groupe ; aperçoit-on là l'ombre d'une autorité? d'une contrainte pour faire agir les membres ? non, leurs volontés seules commandent ; toute action ou tout acte du groupe est le fait de leur vouloir, soit qu'il s'agisse de rechercher des moyens de production, soit qu'il s'agisse de l'éxécution d'un travail quelconque, et cette volonté étant multiple est un puissant levier qui dans ces recherches, dans ces efforts, donnera certainement une imposante force d'action.

Si la quantité d'individus adhérents au groupe est indéterminée, celle des groupes ne le sera pas moins, car on pourra en compter autant que les diversités de caractères et de tempéraments pourront en réclamer, les individus étant seuls juges de leurs liens de groupement.

Nous avons besoin de nous appesantir sur ce résultat chaque groupe ne représente qu'une volonté à cause de son mode de constitution.

Entre tous ces groupes divers constitués de ci de là on pourra aussi retrouver des différences de pensée, de manière de voir, mais, imitant les individus, ils éprouveront le besoin de se réunir et créeront des fédérations composées comme les groupes d'éléments les plus semblables possibles. Dans les groupes il sera indispensable que les éléments soient semblables, dans les fédérations cette conditions sera moins impérieuse, car si dans les premiers, les efforts doivent être unis pour arriver à un résultat avantageux de production, dans les secondes les divergences ne peuvent avoir d'effets dangereux puisque la fédération n'a aucun rôle a jouer dans la production ; elle servira seulement à grouper les renseignements sur les éléments de cette production et sur les ressources de la consommation. Ces fédérations ne seront pas une réunion d'hommes appartenant aux groupes fédérés. Non ! elle ne seront qu'un centre de toutes les pensées de ces groupes où chacun d'eux pourra connaître la situation générale ; elles ne seront en un mot qu'un des rouages de l'organisation sociale dont le rôle sera d'être les inspirateurs des groupes pour diriger leur production dans tel ou tel sens ou pour modifier leur consommation selon telle ou telle nécessité.

Les groupes ne seront pas plus liés aux fédérations que les individus ne le seront aux groupes puisque la même loi les réunira. Encore une fois aperçoit-on dans ces deux éléments sociaux l'ombre d'autorité? Evidemment non. Niera-t-on que l'individu soit libre dans le groupe? cela serait impossible et pourtant celui-ci aura sa loi, un ordre de choses arrêté entre tous ses membres; cet ordre de choses, cette règle, sera le contrat du groupe auquel chaque membre se conformera, parce que telle sera sa volonté personnelle, et non une obligation.

On ne verra pas dans ces milieux, comme voudraient le faire croire certains de nos adversaires, une quantité de volontés diverses voulant s'exercer à tout propos; non! encore une fois non! Il y aura, nous le répétons à satiété, *un contrat* qui liera les individus les uns aux autres, une somme de volontés unifiées qui voudront, toutes ensemble, arriver au même but, obtenir les mêmes résultats. Si ces efforts réunis ne constituent pas un puissant levier, c'est que nous ne connaissons plus les règles de l'emploi de la force; encore une fois ce contrat qui sera la pensée directrice du groupe, ne s'imposera pas, puisqu'il émanera de chacun; est-ce clair ? [illegible] !

Eh bien, si toutes ces observations, qui se rattachent à la constitution du groupe, nous les reportons à l'organisation des fédérations, nous sommes bien certains de retrouver dans celles-ci autant de liberté pour le groupe qu'il en offrira lui-même à l'individu.

Revenons au contrat du groupe qui, étant sa loi, pourrait à un moment donné devenir une réelle obligation pour tels ou tels de ses membres, si leurs pensées, leurs manières de voir venaient à se modifier par l'effet des circonstances; tel aujourd'hui peut voir les choses sous un jour quelconque, et demain son opinion peut être transformée et lui montrer les choses sous un jour tout différent ; dans ce cas, s'il était en harmonie avec son groupe hier, il ne peut plus y être aujourd'hui ; si donc l'individu était indissolublement lié, il se trouverait dans ce cas obligé à l'obéissance. Mais rien de tel n'existe, sa liberté est sauvegardée parce que son opinion d'hier ou d'aujourd'hui est toujours sûre de rencontrer un groupe en harmonie avec elle, et l'individu obéissant à sa transformation n'a qu'à changer de milieu pour rétablir l'harmonie.

On le voit, le groupe peut avoir une loi consentie, obéie, et pourtant l'individu peut être libre, absolument libre quand même.

Nous engageons le lecteur a bien étudier ce passage, car il est très important qu'il en saisisse bien la portée, puisque, nous l'avons dit, toute la base de l'organisation nouvelle est là. Il faut être bien pénétré du jeu de l'individu dans le groupe et du groupe dans la fédération ; une fois en possession de leur fonctionnement, le reste se comprend facilement puisqu'il découle naturellement de ces deux éléments.

A notre tour, nous allons aussi nous arrêter un moment ici, afin de mieux déterminer s'il est possible le rôle puissant du groupe dans l'organisme social.

Nous allons prendre un exemple qui nous permettra de mettre la fonction et du groupe et de l'individu en relief.

Nous allons prendre cet exemple dans un grand centre mécanique, cette corporation qui a, semble-t-il, besoin de grouper une grande quantité de travailleurs à cause du matériel colossal, de l'outillage nombreux, que nécessitent ses travaux.

Prenons le Creuzot comme champ d'expérience.

1° Il y a dans cette usine une administration commerciale qui se trouve supprimée de fait. Puis l'administration productive qui se compose d'un ingénieur en chef, ayant en sous-ordre une certaine quantité d'autres ingénieurs, nombre de dessinateurs, de contre-maîtres, puis des modeleurs, des fondeurs, forgerons, ajusteurs, raboteurs, tourneurs, chaudronniers, mineurs, pudleurs, lamineurs, etc., etc. ; les corporations sont à l'infini dans une semblable agglomération. L'administration commerciale est représentée par le patron et une certaine quantité de membres du conseil, elle donne des ordres à l'ingénieur en chef, qui, lui, divise ces ordres entre ses lieutenants, qui à leur tour les transmettent aux dessinateurs et contre-maîtres chargés de l'exécution.

Voilà ce qui se passe actuellement. Eh bien, mais est-ce qu'il n'y a pas là un ordre de chose tout organisé, dont le fonctionnement est certain, puisqu'il est debout ? Évidemment si. Nous n'avons donc qu'à supprimer l'autorité partout et nous serons en face de la situation nouvelle.

Cet ingénieur en chef est l'élément conception de cette agglomération : nul ne peut admettre que toutes ses idées soient supérieures ; nos plus grands savants mêmes sont sujets à des erreurs. Si toutes les capacités étaient groupées, les individualités pourraient se corriger mutuellement et certes on obtiendrait des résultats supérieurs.

Donc ici, si l'ingénieur en chef est remplacé par le travail d'un groupe scientifique, il n'y aura pas désavantage ; si ses lieutenants voient leur emploi tenu par le jeu de la fédération des groupes constitués dans cette usine, nous croyons également à un avantage.

Si bien que, si la fédération générale de la métallurgie informe le Creusot qu'il a à fournir certaines machines, la fédération scientifique prévenue à l'avance lui fournit les éléments d'exécution, qui, remis à la fédération de l'usine, seront par ses soins divisés dans les groupes selon les nécessités corporatives ; voit-on quelqu'obstacle à ce jeu? nous n'en voyons pas, nous.

Si l'on a conservé une idée exacte de la constitution des

groupes, on n'aura pas de peine à se rendre compte de la distribution du travail à exécuter dans une usine de cette importance : l'énumérer par le menu serait oisif.

On comprendra sans que nous le disions, que chacun des corps de métier aura vu ses divers groupes se fédérer, et que ces fédérations constitueront un noyau principal centralisant les éléments de travail.

Après cette minutieuse explication, le lecteur a-t-il pu se convaincre que cette agglomération considérable de travailleurs peut se livrer à la production sans maître, sans chef, sans autorité ? Si oui, nous avons réussi à faire passer notre conviction dans les esprits. Il est bien certain alors que l'on ne sera plus inquiet, sur l'organisation d'une foule d'autres corporations qui ont des exigences cent fois moindres que la mécanique.

On nous objectera peut-être que c'est justement la pensée du maître qui commande, qui permet d'atteindre des résultats qu'il serait impossible d'obtenir avec des volontés divisées ; nous répondrons que nos groupes laissent une pensée plus unique que celle du maître, car celle-ci est quelquefois, pour ne pas dire souvent, contre-carrée, entravée par les intérêts particuliers des chefs ou sous ordres, tandis que rien dans les groupes ne peut troubler cette unité de volonté ; leur constitution le dit assez.

Dans les usines de cette importance, où un puissant outillage est mis en mouvement par des moteurs dispendieux, il est évident qu'il sera indispensable que les travailleurs obéissent à une certaine règlementation, dictée par l'intérêt général ; par exemple, qu'ils soient à l'ouvrage aux mêmes heures, etc., etc., afin que ce matériel ne fonctionne pas inutilement.

Cette nécessité parait à première vue une pierre d'achoppement, car elle semble entrainer un personnel nombreux à l'indispensabilité de l'obéissance, — il n'en est rien : la liberté, encore la liberté, viendra ici renverser cet obstacle ; la liberté qui semble enchaînée viendra résoudre la question ; car rien n'empêchera que cet outillage soit mis en mouvement par fraction et à des heures différentes, s'il y a lieu, si les travailleurs le réclament ; une partie de l'outillage pourra fonctionner de telle heure à telle heure, pour tels ou tels groupes, et de telle autre heure à de telle autre heure, pour tels ou tels autres groupes ; de cette façon chacun sera libre et le travail n'en souffrira aucunement.

Et puis est-on bien sur que l'on trouvera autant de résistances à l'unification que l'on se plait à le supposer ?

Nous ne le croyons pas, car nous le répétons encore, aucun acte de la vie n'a lieu sans un mobile défini.

A quel mobile alors, à quel intérêt obéirait celui qui voudrait se reposer quand ses camarades travailleraient et travailler quand ils se reposeraient ? Il n'y en a aucun ; il ne pourrait y avoir dans ce cas que des originaux en dehors de toute raison : sur ceux-là nous nous expliquerons tout-à-l'heure.

On le voit, jusque dans les plus strictes obligations, la loi du groupement rétablit l'harmonie ; au moment où de réels obstacles se dressent devant le fonctionnement, la liberté apparait et son exercice seul déblaie le terrain, renverse l'obstacle et donne raison à l'organisation anarchiste.

Des esprits inquiets nous font cette observation : que deviendront les individus qui ne voudraient pas se grouper, cette liberté absolue le leur permettant ?

L'homme ne pourrait rester isolé. Évidemment qu'il sera absolument libre de se grouper ou de vivre seul, mais quelle serait sa situation individuelle au milieu de cette vie de famille ? Il faudrait qu'il pourvoie directement à tous ses besoins, qu'il fasse pour lui seul, en un mot, tout le travail de prévoyance que le groupe prépare pour tous ses membres ; il serait, par là même, privé, non qu'on les lui refuse, mais parce que le temps lui manquerait pour se les procurer, il serait privé, disons-nous, de mille jouissances qu'une vie d'intérieur peut donner quand tout est harmonie, car ces groupements ne seront autres que des familles nombreuses, sans autre lien de parenté que la sympathie si chère au bien être de tous.

Les objections naïves pleuvent autour de ces théories si simples cependant ; il faudrait presque entrer dans tous les détails de la vie intime pour satisfaire certains contradicteurs, comme si tous ces détails pouvaient être connus de nous, comme s'ils ne relevaient pas absolument des individus mêmes, et des circonstances qui les feront naître ; nous ne comprenons pas que des esprits sérieux ne puissent eux-mêmes voir tous les milles petits riens des relations, quand ils ont des grandes lignes aussi nettement définies que celles que le groupement et la fédération leur laissent sous les yeux.

Malgré cela, nous allons répondre encore à l'objection suivante parce qu'elle se rapporte à l'exemple de fonctionnement que nous venons d'exposer.

Et les paresseux qui ne voudront pas travailler qu'en ferez-vous? nous dit-on, — nous pourrions entrer dans une longue dissertation, pour prouver que cette lèpre, la paresse, est le résultat de l'organisation sociale actuelle, eu égard à la situation qui est faite aux travailleurs, et nous n'aurions pas grand'peine à prouver qu'il est fort étonnant, qu'il n'y ait pas plus de paresseux, que ce vice est certes plus en pratique chez ceux qui possèdent que chez ceux qui ne possèdent pas ; mais nous n'en ferons rien ; nous nous contenterons de répondre que dans cette organisation que nous exposons, dans cette constitution des groupes qui sont appelés à englober l'humanité entière, il n'y aura même pas place pour la paresse ; car les paresseux seront noyés dans des groupes d'hommes actifs, l'exemple, la contagion, entraineront certainement ces êtres enclins à l'oisiveté, nous ne disons pas à une production aussi abondante, aussi grande, qu'elle pourrait être, non : mais à une somme de production assez satisfaisante, qui s'augmentera chaque jour parce que le travail deviendra pour tous un besoin, une nécessité, et qu'il n'y a pas de raison pour que tel ou tel individu s'attarde à ne rien faire.

Aujourd'hui que le travail est une peine, une fatigue, un écœurement journalier, on comprend que l'on cherche à s'en exonérer ; mais quand les termes seront renversés, qu'il sera devenu un plaisir, nul danger qu'on le fuie ; aujourd'hui, l'homme est descendu au rôle d'instrument, il ne lui a été laissé aucune initiative, tandis que dans l'avenir, l'instruction qu'il aura reçu, les connaissances qu'il aura acquises, lui permettront de se livrer aux travaux les plus divers, les plus variés ; la seule question pour lui sera d'occuper son temps, de donner cours aux désirs de son esprit, de satisfaire ses caprices ; quoi qu'il fasse il produira toujours.

Admettons cependant ce phénomène : des êtres mal constitués, et ne voulant absolument rien faire d'utile, car on ne peut se condamner à l'immobilisme. — Ce que nous en ferons dites-vous ? Mais rien ! nous les laisserons absolument libres de vivre à leur guise, de se procurer toutes satisfactions même dans ce monde de jouissance et de bien être ! Chacun sera libre de leur faire sentir leur honteuse position, ce sera la seule répression possible. — Si on leur refusait quoi que ce soit, ils s'en empareraient et feraient renaître le vol ; on voit qu'en voulant guérir un mal, on rééditerait un vice, et que pour se défendre de celui-ci, il faudrait se jeter dans une série de nécessité innombrables; il faudrait faire revivre la police, les juges, les prisons, les geoliers, l'autorité enfin! qui ramènerait le règne des parasites, cent fois plus couteux que la paresse, que l'on aurait tenté de réprimer, sans y réussir ; l'exemple est sous nos yeux, assez convaincant aujourd'hui. Au lieu de cela, nous l'avons dit, notre seule remède sera la liberté, toujours la liberté, et l'exemple pour coërcition.

Après la fonction des groupes de production, jetons un coup d'œil sur ceux de consommation.

Nous supposons que les individus se grouperont par maisons où par rue pour régler les conditions de leur alimentation.

Nous croyons que ceux qui considèrent tout être humain comme un frère et qui auront des goûts pour la vie de famille, se réuniront pour vivre en commun, existence si belle quand l'harmonie y préside ; et qu'au contraire ceux qui se plaisent dans l'isolement formeront d'autres groupes, qui n'auront pour effet que de centraliser une certaine somme de produits et de rendre le service d'alimentation plus facile.

Ces groupes se fédéreront dans leurs quartiers, et ces fédérations ne seront autres que les magasins existants, où chacun va chaque jour chercher ses provisions. Magasins alimentés avec intelligence sur les demandes particulières des groupes, et de façon à ce que chaque citoyen trouve toujours à sa fédération, les objets qui lui feront besoin. — Faut-il ajouter que chaque citoyen pourra toujours demander à cette fédération-ci, ce que celle-là n'aurait pu lui donner ? on le comprend.

Ces fédérations de quartier auront pour mission de recourir aux centres généraux qui pourront toujours leur indiquer les lieux où elles pourront se procurer immédiatement ce dont elles auraient besoin.

Ce système de fédération se multipliera, afin d'unifier les contrats des groupes, comme les groupes auront unifié les volontés des individus, et la centralisation des fédérations ira jusqu'à ce qu'elle arrive à n'avoir plus que les principaux éléments de l'organisation.

Ainsi, nous croyons qu'il sera utile que la production ait

un centre spécial, la consommation un autre, et ce que nous croyons pouvoir appeler les relations publiques un autre ; ces trois centres seront la source de tous les renseignements nécessaires à l'organisme, puisque c'est vers eux qu'ils remonteront.

Selon nous, chaque jour les groupes, soit de production, soit de consommation, devront dresser un rapport exact de leur situation, dans lequel seront consignés, pour les uns, les produits disponibles, pour les autres, les produits nécessaires. Ces rapports adressés aux fédérations des groupes, celles-ci les résumeront, en ayant soin dans des rapports divers, d'adresser, aux fédérations centrales compétentes, les demandes des uns, les renseignements des autres ; celles-ci, qui embrasseront une certaine région, pourront donc le même jour connaître, et les besoins, et les ressources de cette région, et renvoyer aux fédérations partielles ou aux groupes, les renseignements nécessaires à leur alimentation et à la production.

La télégraphie électrique permettant des communications rapides à de grandes distances, rendra faciles ces rapports, qui, certainement, économiseront du temps et des frais de transport. Chaque produit restant au lieu de pro-duction, n'aura donc qu'un voyage à faire du groupe ou il est né au lieu de sa consommation, où il sera pris par tel ou tel groupe ou par telle ou telle fédération sur l'avis d'un centre fédératif.

On le voit, les fédérations ne seront pas un centre d'hommes ; nous l'avons déjà dit et nous y revenons à dessein ; elles seront des centres d'idées, de relations fédérées, aussi comme ces idées ne font qu'être consignées dans ces centres, afin d'en faire les éléments d'une organisation de prévoyance, nul danger quo l'harmonie soit troublée ; elle ne pourra pas être troublée entre les groupes non plus, par des satisfactions données aux uns, et des privations réservées aux autres, car les groupes ne demanderont certainement pas la veille les produits nécessaires le lendemain ; ils seront assez prévoyants, assez sages, pour préparer leur alimentation de longue date afin de permettre aux centres fédératifs de diriger, par leurs renseignements, la production vers tels ou tels produits plus demandés que tels ou tels autres.

Malgré ces excessives précautions, ces fractionnements des idées pour aider aux raprochements, à l'unification, nous ne dissimulons pas qu'il sera difficile de les unifier au début, car les hommes auront conservé une teinte, assez foncée même, de l'état de choses actuel ; il ne verront pas de suite que leur *moi* est sauvegardé dans le tout, et l'égoïsme les poursuivra encore de tentations incessantes ; mais que l'on se rappelle que cet égoïsme n'aura plus rien a offrir à l'individu et que le contrat, les relations de chaque jour, useront encore assez vivement ces angles raboteux qui ont aujourd'hui l'air d'une menace pour l'harmonie.

Les satisfactions obtenues par le *moi*, par l'intérêt individuel, l'espérance de les voir s'augmenter sans cesse, seront un remède puissant contre l'égoïsme ; ce sera un point de départ certain vers l'amélioration du caractère de la race humaine.

Il est l'heure de nous résumer.

Faisons le tableau d'ensemble de la Société.

Nous apercevous d'abord trois ou quatre centres spéciaux, composés d'individualités fournies par les groupes compétents, occupées chaque jour à recevoir, à classer : d'un côté, les renseignements adressés par la fédération sur l'etat de la production, et de l'autre, les renseignements sur les demandes de la consommation ; on voit que le rôle de ces individualités se réduira à enregistrer des documents.

Ce travail permettra à ces centres de retourner aux groupes les renseignements nécessaires pour se procurer leur alimentation ; c'est-à-dire que les centres fédératifs qui auront connu toutes les demandes et toutes les ressources, pourront indiquer aux uns le lieu où se trouveront produits demandés, aux autres les objets réclamés pa consommation, afin que les efforts soient dirigés de ce c On le voit, c'est simple.

Dans la même journée, les centres, les fédérations les groupes peuvent connaître la situation générale. N n'avons pas dit que les centres aviseraient les groupes relations publiques des nécessités journalières de tra port ; mais cela va de soi.

Nos voies ferrées ne seront pas comme actuellement lonnées de convois incessants, ruineux, indispensables trafic d'aujourd'hui ; nos villes n'auront peut-être pas n plus cet air affairé que l'on voit partout ; mais, en reva che, la misère n'y étalera plus de sordides haillons à c du luxe insolent du capital, les rues n'en seront pas moi gaies et animées, les magasins nécessaires ne pouva être moins nombreux qu'aujourd'hui, et les promeneurs la face épanouie ayant remplacé l'air inquiet des lu teurs pour l'existence.

Notre cadre est rempli, il serait peut-être utile que no répondions encore à quelques objections naïves, mais l'e pace nous manque, nous sommes forcés de hâter la fin ce livre.

Nous dirons donc, pour terminer, que cet organisme, q nous venons de faire fonctionner, est une conception ind viduelle, que rien n'indique que cette organisation se cons tituera ainsi : L'ORGANISATION DE L'AVENIR SERA CE QUE L INTÉRESSÉS VOUDRONT QU'ELLE SOIT ; RIEN DE PLUS, RIEN MOINS. En traçant ce tableau, nous n'avons eu qu'un but prouver qu'une organisation était possible sans autorit sans gouvernement, et donner aux membres du jury d concours du prix Perreire l'occasion d'accomplir un acte d justice, en nous décernant le prix de **CENT MILL FRANCS.**

Paris. — Imp. A. Reiff, 9, pl. du Collége de France.

www.ingramcontent.com/pod-product-compliance
Lightning Source LLC
LaVergne TN
LVHW020035170826
845678LV00001B/271

* 9 7 8 2 3 2 9 6 9 8 8 1 6 *